Errores militares

Pedro Pablo G. May

Errores militares

HISTORIA
BÉLICA

Diseño de cubierta: Regina Richling

Diseño de interior: Grafime

ISBN: 978-84-9917-464-8

Depósito legal: B-11.315-2017

Impreso en España – *Printed in Spain*

Índice

Introducción

En cierta ocasión, Adolf Hitler expresó en público su convencimiento de que la Segunda Guerra Mundial (SGM en este libro, a partir de ahora) «la ganará quien menos errores cometa...» y acertó, aunque tampoco hacía falta ser un superdotado para llegar a esta conclusión. En realidad, los conflictos bélicos suelen resolverse más a menudo en función de las equivocaciones que de los aciertos de los bandos enfrentados.

Podemos agrupar los errores militares en dos grandes tipos básicos: los propios y los inducidos. Menospreciar la capacidad operativa del enemigo o sobrevalorar la propia, escoger el peor momento para lanzar una ofensiva o ejecutarla en forma desacertada, empeñarse en mantener unas órdenes que la experiencia ha demostrado fallidas o insuficientes..., son algunas conductas erróneas incluidas en el primer grupo. Actuar impulsado por la propaganda ajena en lugar de por la propia estrategia, perder información vital a manos de espías, dejarse engañar por ingeniosas estratagemas ideadas para desviar la atención sobre las verdaderas intenciones del otro bando..., se pueden anotar en el segundo grupo.

Este libro resume una selección de equivocaciones, confusiones, pufos y errores consumados por ambos bandos durante la SGM: algunos son espectaculares, otros apenas tuvieron repercusión más allá de las consecuencias para sus protagonistas. Todos ellos nos hablan de la falibilidad del *homo sapiens*, especialmente en situaciones de gran peligro y estrés como los enfrentamientos bélicos pero también de nuestra dificultad para aprender de nuestros descuidos, pues la mayoría de las personas tiene tendencia a tropezar en la misma piedra.

Otro punto de interés son los múltiples errores de información, tanto durante como después de la contienda. No deja de ser curioso que, a pesar de estar considerado como uno de los conflictos bélicos más y mejor documentados, analizados y dramatizados de todos los tiempos, exista en la sociedad actual una comprensión claramente insuficiente sobre lo que sucedió entre 1939 y 1945, por no hablar de los años anteriores al comienzo de las hostilidades. Quizá por ello en los últimos años se ha multiplicado el número de obras relacionadas con la SGM.

Un ejemplo de esta incomprensión lo encontré en una reciente visita al departamento de venta de películas de una gran superficie comercial en España, donde descubrí una nueva edición de una película dirigida en 1943 por el norteamericano Tay Garnett: *La cruz de Lorena*. Es una de las muchas producciones que Hollywood estrenó tras la entrada en la SGM de los Estados Unidos, con el fin de justificar ante su población –un gran porcentaje de la cual no era partidaria de involucrarse en el conflicto bélico, más allá de la lucha contra los japoneses en el Pacífico– el porqué del alineamiento de su país en el bando de los Aliados y su intervención en teatros bélicos de Europa o África. El propio Garnett rodó aquel mismo año otro largometraje de este tipo, pero ambientado en las Filipinas y titulado *Batán*, que cuenta el sacrificio de un pelotón de soldados norteamericanos ante la ofensiva nipona.

La novela original en la que está basada *La cruz de Lorena* es *Ob Tausend fallen* (*Aunque caigan mil*) publicada por Hans Habe, un supuesto refugiado alemán que relataba en su libro una serie de experiencias autobiográficas. En realidad, era el seudónimo de János Békessy, quien había nacido en Budapest en una familia de origen judío. Su padre fue periodista y, después de la Primera Guerra mundial (PGM, a partir de ahora en este libro), fundó uno de los primeros diarios de estilo tabloide en Viena: *Die Stunde* (*La hora*), así que desde pequeño János aprendió a familiarizarse con las palabras y pronto comenzó a trabajar él mismo como reportero. A lo largo de su carrera, Békessy utilizó muchos otros seudónimos como Frank Richard, Hans Wolfgang, Antonio Corte, Alexander Holmes…

Cuando, en marzo de 1938, se produjo el *Anschluß* y Austria se unió al Reich, la administración nacionalsocialista prohibió sus libros y Habe se vio forzado a marchar al exilio en Francia. Se alistó en la Legión Extranjera con el afán de vengarse por su expulsión, pero en 1940 fue hecho prisionero por la Werhmacht. Consiguió escapar con la ayuda de algunos colegas franceses y huyó a EE.UU., donde adquirió la nacionalidad, ingresó en su ejército y, tras especializarse en guerra psicológica, puso todos sus conocimientos al servicio de la victoria aliada. En el otoño de 1944, recibió el encargo de seleccionar un grupo de escritores y periodistas de nacionalidad alemana para instruirles sobre el tipo de publicaciones que tendrían que crear y difundir en Alemania tras la esperada derrota del Tercer Reich. Él mismo viajó allí junto con las tropas de ocupación norteamericanas y, para noviembre de 1945, había participado en la fundación de una veintena de nuevas cabeceras de diarios políticamente correctos en la zona bajo control de EE.UU., después de lo cual ocupó altos cargos en sucesivas publicaciones. En 1953 se retiró a Suiza, donde escribió numerosas novelas hasta su muerte en 1977.

La cruz de Lorena hace referencia al símbolo también conocido en Francia como cruz de Anjou y, en España, de Caravaca. Se trata de una cruz con un pie vertical y dos travesaños paralelos y desiguales: el superior es algo más corto, representando el *titulus crucis* o cartel de la crucifixión donde, según el Nuevo Testamento, se colocó la inscripción *INRI*. Su fama contemporánea, alimentada por películas como la de Garnett, se debe a que los miembros de la Resistencia y también las tropas de la llamada Francia Libre de De Gaulle la adoptaron como emblema en su lucha contra la ocupación alemana.

Jean Pierre Aumont es el protagonista de esta película donde también aparece un joven Gene Kelly que aún no se había abierto camino en el género musical que le daría fama cinematográfica mundial, así como distintos actores franceses, alemanes, austríacos y holandeses que habían llegado desde Europa huyendo de la guerra. El propio Aumont fue uno de estos exiliados e interpreta el papel de Paul, un soldado francés que tras la rendición de su ejército en 1940 es internado en un campo de prisioneros en lugar de ser devuelto a la vida civil. En este campo, los germanos someten a los galos a distintas brutalidades y vejaciones, hasta que un grupo de prisioneros decide fugarse y, tras tener éxito, participa en la aniquilación de las unidades germanas que controlaban una aldea francesa. Su victoria les hace comprender que la única opción pasa por abrazar la cruz de Lorena y sumarse a la Resistencia para combatir a Alemania hasta el final…

Siempre es útil conocer el contexto espaciotemporal en el que fue producido un largometraje ya que, más allá de su resultado estético o del entretenimiento que provea, es la única forma de entender por qué se rodó de una manera y no de otra, apreciar sus virtudes y comprender sus defectos. En este caso, se trata de una modesta película de propaganda bélica donde los buenos son impecablemente buenos y los malos son implacablemente malos. Sin embargo…

Han transcurrido más de 70 años del estreno de *La cruz de Lorena* y la sinopsis que encontré en la parte posterior de la carátula de esta nueva edición decía, literalmente, lo siguiente: «Durante la SGM, un grupo de soldados franceses se entregan a las tropas nazis con la promesa de que desertarán y podrán mar-

Carátula (izquierda) y escena (derecha) de *La cruz de Lorena*.

charse a su hogar. Sin embargo, los alemanes no cumplen su palabra (por algo son los malos) y les internan en un campo de prisioneros».

Sin entrar a analizar qué quiere decir exactamente el autor de este texto con la expresión «promesa de desertar» en lugar de indicar que los prisioneros serían licenciados antes de poder marcharse libremente, el mensaje que se traslada con la sinopsis resulta revelador: se da por hecho que todos los soldados alemanes eran nazis –algo absolutamente falso, sin tener en cuenta que esta abreviatura para referirse a las personas de ideología nacionalsocialista jamás se empleó en la propia Alemania y en la mayor parte de Europa durante la SGM– y que no cumplían la palabra dada –en la cultura tradicional germana, aún vigente en aquella época, sucedía justo lo contrario: resultaba muy difícil que alguien diera su palabra de honor precisamente porque se vería obligado a cumplir lo prometido incluso al enemigo, so pena de perder su respetabilidad–. Por si quedaba alguna duda respecto a que la intención de fondo es transmitir la idea de que *alemán* es sinónimo de *maldad*, no hay más que leer el maniqueo contenido del paréntesis. Así que todo se reduce a una lucha de buenos contra malos en la que, por supuesto, nosotros somos los buenos y ellos, los malos.

Ignoro quién redactó estas frases. Es posible, incluso, que estemos ante una transcripción literal de algún texto de propaganda de la promoción original de la película en los años 40. Lo llamativo es que, a estas alturas del siglo XXI, se presente al público actual una producción semejante de una forma tan descontextualizada. «¿Y cuál es el problema?», puede objetarse, «después de todo, no es más que una película...»

Ése, precisamente, es uno de los errores, en este caso de comprensión, acerca de lo que fue la SGM y que aún a día de hoy sostienen un eco tan tergiversado del hecho histórico. Esta edición de *La cruz de Lorena* es algo más que una película. Es un precedente de obras tan delirantes, paradójicamente muy exitosas en taquilla, como *Malditos bastardos* de Quentin Tarantino o *Zombis nazis* de Tommy Wirkola que bajo su fachada de entretenimiento siguen distorsionando, tanto tiempo después, la realidad. Es un ejemplo muy claro de los muchos que salpican la cinematografía y la literatura desde media-

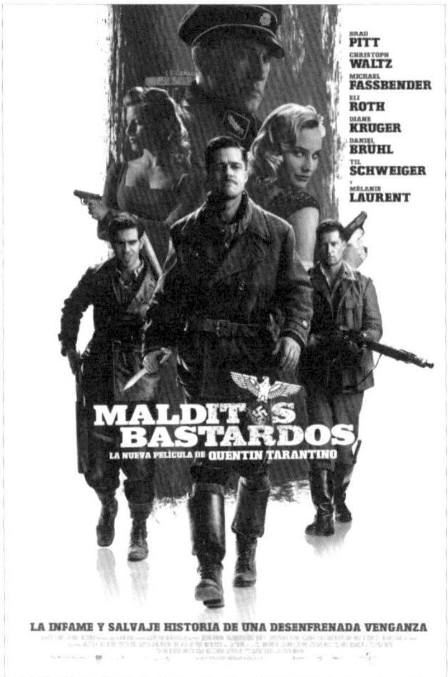

Cartel de la película *Malditos bastardos*, un ejemplo de cómo cierto tipo de cine ha desvirtuado y ridiculizado la tragedia de la Segunda Guerra Mundial.

dos del siglo xx, que han educado y modelado desde la propaganda el conocimiento general verídico sobre este conflicto y sobre los países y pueblos que participaron en él. Así, lo han frivolizado hasta límites extremos a pesar de ser uno de los más crueles que conocemos, pues los cálculos de los expertos estiman que 27.600 personas murieron diariamente en él. Eso significa una persona cada tres segundos: un dato escalofriante, cuando uno se para a pensar en ello.

Tratar de entender la SGM desde un único punto de vista supone una falta de respeto hacia todas sus víctimas –no sólo las personas que murieron en ella sino también las heridas, mutiladas, encarceladas, violadas, desposeídas, desarraigadas…–, además de un craso error si alguien desea verdaderamente alcanzar cierta comprensión de lo que sucedió. En la visión interesada de la propaganda, los protagonistas de la SGM son casi siempre retratados con trazos demasiado gruesos y sus comportamientos, tanto los atroces como los heroicos, parecen evolucionar a menudo en un plano mitológico que, al final, resulta inaprehensible para la visión contemporánea, desprovista de suficiente información cuantificable. Por eso, cuando se analiza la época surge tantas veces la pregunta de «*¿cómo es posible que pudieran hacer algo así?*»

En este sentido, demasiadas de las creencias comúnmente manejadas sobre esta guerra están equivocadas. Por ejemplo, hoy los historiadores –pero no la gran mayoría de los ciudadanos y ni siquiera la gran mayoría de los periodistas y novelistas que escriben sobre la materia– son conscientes de que el origen de la SGM no hay que buscarlo en una presunta política imperialista del III Reich, sino en la aplicación del infame e injusto Tratado de Versalles de 1919. Fue el intento de recuperar los territorios arrebatados allí a los alemanes, así como la restauración de su soberanía nacional, sobre todo desde el punto de vista económico y financiero, la causa principal de las tensiones que terminaron conduciendo a la gran conflagración.

De la misma forma, no es cierto que el comienzo del fin del régimen hitleriano pueda ser fechado en junio de 1944, debido al desempeño angloamericano tras el Desembarco de Normandía. Para entonces, los soviéticos llevaban mucho tiempo liderando la iniciativa bélica en el frente oriental después de tres años de guerra y habían infligido serias derrotas a la Werhmacht, si bien a costa de la pérdida de millones de sus propios soldados y una cantidad indeterminada pero colosal de material de guerra. El éxito de Normandía –a un elevado y sangriento precio entre las tropas de desembarco– se produjo sólo porque Alemania apenas disponía en la zona de un número limitado de tropas sin capacidad de movilizar grandes refuerzos. Y, aún así, el propio general Dwight E. Eisenhower no confiaba del todo en el día D, puesto que llegó a redactar un memorándum que debía hacerse público en caso de que la invasión fuera rechazada por «la muralla del Atlántico» germana.

Otro error generalmente aceptado es la idea de que el desarrollo de la bomba atómica en EE.UU. tenía como única finalidad los objetivos militares y que su uso en Hiroshima y Nagasaki, dos claros objetivos civiles, fue puramente circunstancial y justificado por un interés humanitario en acortar la guerra y salvar así cientos de miles de vidas. Muchas personas ignoran que uno de los principales promotores de la carrera nuclear fue Albert Einstein y muchas más desconocen que dirigió una carta al presidente Franklin Delano Rossevelt para manifestar su preocupación al enterarse de que Washington estaba decidido a usar la bomba indiscriminadamente y para rogarle que la usara como había sido previsto en un comienzo: sólo con objetivos militares. La misiva quedó sin respuesta pues Roosevelt falleció poco después y su sucesor en la Casa Blanca, Harry Truman, ignoró la petición de Einstein y dio vía libre a la matanza de civiles. Investigadores modernos como el japonés Tsuyoahi Hasegawa han certificado la verdadera razón por la que al final se utilizó la bomba atómica contra dos ciudades: forzar a Japón a rendirse de inmediato y exclusivamente ante EE.UU., en lugar de incluir a la URSS entre los vencedores en el frente del Pacífico. Al finalizar la guerra en Europa, Stalin quiso trasladar una parte importante de su ejército al Lejano Oriente e invadir las islas niponas con el fin de extender allí también su revolución comunista, pero los norteamericanos fueron más rápidos.

Sin dejar el Lejano Oriente, hay que recordar que la Agencia de Defensa Japonesa difundió en 2003 un estudio en el que calculaba que, durante las últimas semanas del conflicto, los países participantes en la SGM destruyeron alrededor de un 70% de sus archivos oficiales. Y buena parte de los que se conservaron en los países vencedores mantienen todavía, pese al tiempo transcurrido, la clasificación de *Top Secret*. Esto debería hacernos pensar hasta qué punto muchas de las cosas que damos como ciertas, lo son de verdad.

En última instancia, podría decirse que la guerra misma es el mayor de los errores, además de un flagelo para la humanidad que sería preciso extirpar de nuestra historia. Lo cierto es que, aunque desde el punto de vista moral este concepto pueda parecer muy noble, la Naturaleza nos enseña que resulta completamente utópico en el mundo material, donde a diario libramos una interminable guerra contra muchos elementos –las enfermedades, los accidentes, la meteorología adversa, la competitividad laboral, la vejez...– sólo para mantener nuestras posiciones personales.

Ya nos lo advertía el filósofo griego Heráklito, «el oscuro», hace 2.500 años, cuando escribió que «la guerra es el origen de todo (...) porque sin fuerzas de colisión no hay movimientos y no hay realidad (...) la guerra es el padre y el rey de todos; a unos los corona como dioses y a otros, como hombres, a unos los convierte en esclavos y a otros, en hombres libres...»

1.

Se levanta el telón

Rydz-*Smigly* y el imperio fantasma

El polaco Edward Rydz *Smigly* es uno de los principales responsables del comienzo de la SGM y, al mismo tiempo, un perfecto desconocido para la mayoría de los ciudadanos no especialmente interesados en conocer los entresijos de este conflicto bélico. Su desmedida ambición política y de poder personal, su falta de previsión geoestratégica y sobre todo su grandísimo error de cálculo sobre cómo iban a evolucionar los acontecimientos propiciaron el comienzo de las hostilidades germano-polacas con las que el Reino Unido y Francia justificaron la declaración de guerra a Alemania y el comienzo del infierno en Europa.

Nacido en 1886 en la localidad entonces austrohúngara de Lapszyn –hoy, Lapshin en Ucrania– fue hijo de militar y militar él mismo. Ingresó en el ejército imperial, con el que sirvió en el frente oriental durante la PGM entre las tropas de la Legión Polaca. Allí fue ascendiendo gradualmente en el escalafón militar mientras se curtía en batalla.

Con el desmoronamiento imperial en 1918, surgieron nuevos países y otros que habían desaparecido del escenario tiempo atrás, como Polonia, regresaron a él. Rydz desertó de su unidad para ingresar en un grupo de independentistas dedicados a acosar a las tropas alemanas aún presentes en su territorio en aquel momento. Su carisma personal, sus habilidades de liderazgo y sus contactos personales le colocaron en buena posición para ser finalmente proclamado ministro de Defensa del nuevo gobierno formado en Varsovia, una vez echó a andar oficialmente la segunda república polaca.

Su principal avalista fue el mariscal Jozef Pilsuldski, el enérgico responsable del resurgir nacional y su superior militar durante la guerra.

Jozef Pilsuldski está considerado el principal responsable de que Polonia consiguiera la independencia en 1918 tras más de un siglo de particiones.

Pilsudski había nacido cerca de Vilna –hoy, capital de Lituania– en una familia de nobles y desde joven se unió al movimiento independentista con el fin de reconstruir su país y convertirlo en una potencia lo bastante fuerte como para hacerse respetar por sus poderosos vecinos: Alemania y su inseparable aliado, el Imperio Austrohúngaro, por un lado y la Rusia zarista, por otro lado.

Siendo jefe de Estado su obsesión particular contra Rusia le llevó a declararle la guerra entre 1919 y 1920 aprovechando el caos generado por la revolución soviética. Los magros resultados de este conflicto y los sucesivos enfrentamientos partidistas con sus rivales políticos le relegaron poco a poco del poder efectivo hasta que en 1926 ejecutó un golpe de Estado que le convirtió en dueño y señor de la nación hasta su muerte en 1935.

Pilsudski vivió sus últimos años decepcionado por la falta de apoyos a su régimen, conocido como *Sanacja* (o *sanación*, en polaco), que sólo consiguió mantener en pie a base de un progresivo endurecimiento político, policial y militar de sus posiciones. En su día, su fallecimiento fue visto por muchos polacos como un alivio, pero la llegada de Rydz al poder pronto hizo bueno su recuerdo. Las posteriores invasiones alemana y rusa y el régimen soviético que encadenó a Polonia tras la SGM, embellecieron aún más la memoria del mariscal.

Rydz se ganó la confianza y hasta el aprecio personal de Pilsudski durante la guerra contra los rusos de 1919/1920, en la que intervino como general de brigada. También se hizo allí con su apodo: *Smigly* (en polaco, *rápido* o *ágil*). Le gustó tanto, que terminó por incorporarlo a su apellido.

El apoyo de Rydz-Smigly al golpe de Estado de 1926 le convirtió prácticamente en la mano derecha del mariscal Pilsudski, quien le nombró inspector general de las Fuerzas Armadas. Además, supo rodearse de un grupo de oficiales ambiciosos y dispuestos a apoyarle en su ascenso para, a su vez, sacar tajada. Por ello consiguió suceder a su mentor poco más de un año después de su muerte, cuando fue nombrado nuevo mariscal de Polonia y, a continuación, jefe de gobierno.

Con estos reconocimientos, se apoderó de la escena desplazando incluso al presidente oficial, Ignacy Moscicki, y a sus principales rivales como el ministro de Exteriores Jozef Beck, quien terminaría acusándole, como muchos otros, de ejercer como un auténtico dictador aunque sin haber declarado oficialmente la dictadura. Para acallar las críticas, endureció todavía más su gobierno y creó además un movimiento popular de culto hacia su persona, que generó el desdén y el menosprecio de numerosos políticos polacos que temían por el fin de la democracia en su país.

Quizá fue en ese momento, queriendo asegurar una posición que percibía insegura a pesar de sus recursos, cuando concibió un plan

Al mariscal Rydz Smigly le gustaba posar cargado de condecoraciones.

desmesurado, claramente fuera de sus posibilidades, que no tardaría en conducirle al desastre. O tal vez se limitó a desenterrar de un cajón el gran sueño de Pilsudski: la construcción de una gran federación que sirviera como fiel de la balanza para equilibrar el poderío alemán al oeste y el ruso al este, cuyo diseño fue bautizado como *Miedzymorze* (en polaco, *Entre mares*) ya que suponía la creación de una entidad política que se extendiera desde el mar Báltico al mar Negro.

En la idea original de Pilsudski, Polonia lideraría esta federación en la que también participarían inicialmente Lituania, Bielorrusia y Ucrania, aunque se consideraba la posibilidad de invitar a otros países: Estonia, Letonia, Finlandia, Hungría, Rumanía, Yugoslavia y Checoslovaquia. En cierto modo, era un intento de recuperar la mancomunidad establecida por polacos y lituanos entre los siglos XIV y XVIII, cuando ambos pueblos formaron el territorio común más grande de Europa en aquella época. Pero *Miedzymorze* nunca tuvo posibilidades de hacerse realidad, tanto por la negativa de los otros posibles socios a plegarse a los deseos de Polonia como por los planes de la URSS de extender su hegemonía hacia la Europa Oriental.

Rydz-Smigly se planteó el futuro de forma más audaz: si otros países no querían federarse para ponerse al servicio de Polonia, simplemente haría crecer las fronteras polacas apoderándose de sus territorios y crearía un nuevo imperio. Así empezó a acariciar la idea de apoderarse de nuevas provincias en los países bálticos, Bielorrusia, Ucrania, Checoslovaquia e incluso la Prusia Oriental alemana.

El primer paso para la construcción del nuevo imperio fue la intimidación militar al diminuto Estado de Lituania, que había roto relaciones con Polonia después de que el ejército polaco anexionara la región de Vilna, su capital. Rydz-Smigly exigía el restablecimiento de relaciones y la renuncia definitiva de los lituanos a Vilna. En Occidente, las maneras de matón exhibidas por el nuevo hombre fuerte en Varsovia fueron motivo de preocupación incluso en artículos publicados por el *New York Times* pero ni Washington, ni Londres, ni París protestaron oficialmente y el mariscal polaco se salió con la suya.

Después le tocó el turno a Checoslovaquia cuando, en plena crisis de la región de los Sudetes, Rydz-Smigly exigió parte de la región de Zaolzie en Silesia oriental. Los checos no pudieron detener la anexión mientras las capitales occidentales seguían mirando hacia otro lado.

Satisfecho con la evolución de sus planes, el mariscal polaco giró la vista hacia un objetivo aún más apetitoso: la ciudad libre de Danzig, que poseía el puerto más importante de la zona. Si lograba apoderarse de él, allanaría mucho el camino para hacer lo mismo con Prusia Oriental. Ambos territorios habían pertenecido a Alemania y ambos habían quedado físicamente separados de ésta como consecuencia del nefasto Tratado de Versalles.

Uno de los principales objetivos diplomáticos de Adolf Hitler antes del estallido de hostilidades en 1939 fue el restablecimiento de la conexión física entre las fronteras oficiales de la Alemania posterior a la PGM y sus antiguas posesiones al norte de Polonia. En ese sentido, planteó varias iniciativas de diálogo a Varsovia, como el proyecto de normalización de relaciones presentado por el ministro germano de AA.EE. Joachim von Ribbentrop el 28 de octubre de 1938. Este documento ofrecía diversas ventajas a Polonia: reconocimiento de las fronteras y mantenimiento del tratado vigente entre ambos países –firmado por Hitler con Pilsudski, con quien siempre se llevó bien– durante un plazo de hasta 25 años, ingreso polaco en el Pacto AntiKomintern contra el movimiento comunista internacional impulsado por la URSS, construcción de una autopista y una línea ferroviaria de dos carriles en la zona correspondiente al municipio de Danzig más un puerto libre y acceso de los productos polacos para su comercialización en Danzig. A cambio, Varsovia debía permitir el regreso de Danzig a la soberanía de Alemania, así como la construcción del llamado «corredor polaco» –en realidad, una autopista y una línea ferroviaria de dos carriles en una anchura total de unos 1.600 metros– para establecer la conexión directa.

Siguiendo los consejos y el asesoramiento de los gobiernos británico, francés e incluso norteamericano, Rydz-Smigly no sólo ignoró los requerimientos diplomáticos de Berlín sino que, al mismo tiempo, incrementó la presión sobre las minorías alemanas en su territorio con la idea de forzar el éxodo del mayor número posible de ciudadanos de origen germano. Según distintos autores, las autoridades británicas fueron las más convincentes para el mariscal polaco, quien terminó completamente seguro de que Alemania no se atrevería a atacarle, pasara lo que pasara, so pena de desatar la ira de sus aliados, que llegarían enseguida a auxiliarle.

El 30 de agosto de 1939, Hitler envió su última propuesta de paz: un documento de 16 puntos entregado al mismo tiempo en Londres, Moscú y Roma que incluía un reconocimiento de las «serias y graves denuncias por el trato polaco de las minorías alemanas» y preveía la puesta en marcha de una comisión internacional con la misión de «investigar los daños económicos y físicos y los actos terroristas denunciados» de manera que tanto Alemania como Polonia se comprometían a «reparar toda injusticia personal o institucional practicada desde el año 1918».

¿Brutalidades polacas?

Durante la época de gobierno del mariscal Rydz-Smigly se multiplicó exponencialmente el acoso contra los habitantes de origen alemán en territorio polaco: agresiones, violaciones, asesinatos y saqueos se sucedían sin que las fuerzas del orden polacas hicieran gran cosa por evitarlas. Cualquier mínimo incidente podía terminar en una matanza.

En mayo de 1939, el cónsul alemán en Lodz denunciaba en un informe los «graves desmanes» que «pueden ser calificados como pogromos contra compatriotas» en la ciudad de Tomaschow-Mazowiecki mientras la policía «acompañaba a los agresores sin intervenir». Durante los meses previos a la SGM se sucedieron denuncias similares, con nombres de víctimas y relatos desgarradores de los crímenes y torturas a que fueron sometidas en distintos puntos de Polonia: Posen, Thorn, Kattowicz... El cónsul en Lemberg, por ejemplo, describía cómo a algunos alemanes «se les inyectó líquido caliente en los órganos genitales, se les quebró costillas, se les sometió a prolongado calor para luego darles de beber agua salada...»

Las brutalidades polacas fueron denunciadas incluso por diplomáticos como el embajador británico en Berlín, Mr. Henderson, quien remitió una nota a Londres y expresó su deseo de que los periódicos ingleses enviaran corresponsales «para informarse a sí mismos y al gobierno británico sobre lo que ocurre en aquel país». Henderson entendía que las quejas alemanas tenían «motivos fundados» y «ciertamente no creados por Hitler». Como los ataques no respetaban siquiera las iglesias, que fueron saqueadas, ni los sacerdotes, que fueron igualmente maltratados o asesinados, también el Vaticano se dirigió a las autoridades polacas para llamarles «enérgicamente la atención sobre los abusos intolerables» según revelaba el obispado de la ciudad bávara de Passau.

Recuperación de cadáveres en Bromberg con presencia de periodistas.

La peor masacre llegó en el Domingo Sangriento de Bromberg –hoy, Bydgoszez– el 3 de septiembre de 1939. Cegados por la propaganda y por la noticia de las derrotas iniciales de su ejército, grupos de civiles armados y militares polacos recorrieron la ciudad casa por casa deteniendo a las personas de origen alemán para golpearlas, violarlas, asesinarlas y saquear sus propiedades. Ni siquiera se respetaba a los niños, como demuestran algunas espantosas fotografías que han llegado hasta nuestros días. Los cadáveres, muchos de ellos mutilados, fueron lanzados al río Brahe o arrojados a fosas comunes.

Cuando los soldados alemanes ocuparon la ciudad días hallaron un espectáculo tan sobrecogedor que uno de ellos, el suboficial Fritz Klawunke, manifestó que «hubiera preferido continuar en el frente».

Rydz-Smigly se negó incluso a enviar a uno de sus diplomáticos para recoger una copia del ultimátum alemán. Al día siguiente, el mediador sueco Birger Dahlerus se presentó en la embajada de Polonia en Berlín junto a un consejero británico para trasladar el documento al responsable de la legación, el señor Lipski. Según relata en sus memorias, el diplomático polaco estaba terminando de preparar su marcha de la capital alemana y dijo no entender, ni estar interesado en entender, la declaración. Además, mostró su convencimiento de que «en caso de guerra, dentro del Reich se producirían tumultos y levantamientos y las tropas polacas marcharían victoriosas hasta ocupar Berlín».

Horas después comenzaba oficialmente la SGM con la invasión de Polonia y apenas una semana más tarde las tropas alemanas estaban a las puertas de Varsovia.

Reino Unido y Francia cumplieron las promesas a Rydz-Smigly sólo a medias, porque declararon la guerra a Alemania pero no iniciaron realmente ningún movimiento hostil contra las fronteras germanas, así que en la práctica dejaron a los polacos abandonados a su suerte. Entonces el 17 de septiembre la URSS también declaró la guerra a Polonia y la atacó por la espalda…, sin protesta alguna por parte de Londres ni París. Éste es uno de los hechos más oscuros de la SGM que sigue sin explicación oficial tantos años después: ¿por qué británicos y franceses consideraron «nación agresora y desencadenante del conflicto» –y por tanto le declararon la guerra– a Alemania y no a la URSS, que hizo exactamente lo mismo?

En cualquier caso, Rydz-Smigly descubrió con amargura el terrible error que había cometido al confiar en las potencias occidentales, que no sólo le abandonaban ante Hitler sino aún más ante Stalin. Comprobó también que se había equivocado al considerar que sus tropas estaban lo bastante preparadas como para enfrentar a sus vecinos y conquistar el fantasmagórico imperio con el que había soñado: aún antes de la apertura del frente ruso, los soldados polacos ya habían sido arrollados por la *Blitzkrieg*.

El mariscal hizo entonces honor a su apodo y abandonó con suma rapidez a sus tropas huyendo a Rumanía, desde donde rechazó cualquier responsabilidad sobre lo sucedido. Y es que el discurso que Hitler dedicó a Danzig, una vez reintegrada ésta a Alemania, incluía duros reproches a la actitud de Rydz-Smigly: «Intenté encontrar una solución tolerable, incluso para este problema. Presenté esa tentativa a las autoridades polacas en forma de propuestas verbales. Ustedes conocen esas ofertas, que eran más que moderadas. No sé en qué estado mental estaba el gobierno polaco cuando las rechazó (...) El mariscal polaco que abandonó miserablemente a sus ejércitos era el que había dicho que cortaría en pedazos al ejército alemán (...) A menudo me he preguntado: ¿quién pudo cegar tanto a Polonia?»

En el mismo discurso, también acusó a las autoridades británicas de haber usado a los polacos como excusa para declarar la guerra a Alemania en nombre de la democracia y la libertad, convirtiendo lo que era un problema entre dos países en una guerra mundial: «Polonia era un medio para conseguir un fin pues hoy están declarando tranquilamente que este país no era lo prioritario, sino el régimen alemán. Yo siempre advertí contra esos hombres. Señalé el peligro de que podrían surgir y predicar sin interferencias la necesidad de la guerra señores como Churchill, Eden, Duff-Cooper, etc.»

Los alemanes reprochaban al Reino Unido su ambigüedad política y diplomática que en el pasado le había llevado a servirse de todo tipo de aliados, siempre que fueran útiles, para desecharlos una vez que no pudieran obtener mayor provecho de ellos. Y citaban ejemplos como los de la PGM, como cuando Londres convenció al zar ruso para luchar a su lado contra Alemania y, tras estallar la revolución de 1917, rechazó concederle asilo: él y su familia fueron capturados y asesinados por los soviéticos. O como cuando, en la misma época, animaron a los árabes a levantarse contra el Imperio Otomano, aunque luego olvidaron muchas de las promesas que les habían hecho e incluso tomaron Palestina como un protectorado…

En cuanto a Rydz Smigly, no residió durante mucho tiempo en Rumanía. Tras ser acusado de sabotaje en este país regresó a Polonia de incógnito con la identidad de Adam Zawisza y con la intención de participar en la resistencia «como un soldado más». No obstante murió pocas semanas después de llegar a Varsovia, oficialmente por culpa de un ataque cardíaco. Algunos investigadores han sugerido que pudo ser ajusticiado por los propios polacos en pago a su cobardía al abandonar a su ejército. Si fue así, el regreso a Varsovia fue su último error.

Eduardo Laucirica y la exhibición desafortunada

La participación de militares españoles en la SGM es bien conocida a través de la popular División Azul –en el bando del Eje, pues en el de los Aliados lucharon encuadrados sobre todo en las tropas francesas tanto en el norte de África como posteriormente en Europa–, así llamada por las camisas azules de los falangistas que coparon la mayoría de las plazas en un primer momento y con las cuales sustituyeron las del uniforme básico de la Wehrmacht. Aunque los alemanes miraron con desdén la falta de estricta uniformidad de sus aliados celtibéricos así como otros aspectos de su proceder, como la indisciplina o la facilidad para confraternizar con la población civil de los países ocupados, las críticas se terminaron a la hora del combate, cuando los españoles demostraron una notable eficacia y una bravura rayana con la temeridad que despertaron la admiración de los germanos. Existen diversos testimonios acerca de la opinión

Miembros de la División Azul.

de los mandos alemanes que, en primera línea, preferían tener como vecinas las tropas españolas antes que las de otros aliados como Italia o Rumanía.

Sin embargo, la aportación a las filas del III Reich no se limitó a la infantería. Desde el verano de 1941 hasta comienzos de 1944 hasta cinco relevos de pilotos voluntarios lucharon encuadrados en el ala de caza (*Jagdgeschwader*) o Jagsta 27 de la Luftwaffe. Para los alemanes, eran la *Spanische Staffel* (*Escuadrilla Española*). Para los españoles, era la Escuadrilla Azul.

Se trataba de una compensación del Ejército del Aire Español a la Legión Cóndor que Berlín había aportado a las fuerzas franquistas durante la guerra civil de 1936/1939 y constituyó la contribución más profesional del esfuerzo bélico diseñado por Madrid para la SGM. Buena parte del personal que integró los sucesivos equipos militares, que fueron relevándose cada seis meses, había luchado ya junto a los alemanes precisamente en la guerra española, donde sus pilotos habían volado en los aviones de la propia Legión Cóndor y conocían por experiencia las tácticas empleadas por los cazas germanos. De hecho, el Jagsta 27 estaba al mando de Wolfram von Richtofen, el antiguo comandante de la Cóndor, que fue ascendido a mariscal de campo el mismo mes en el que finalizó oficialmente la aportación aérea española, y primo de Manfred von Richtofen, más conocido durante la PGM como el Barón Rojo.

La Escuadrilla Azul voló, sobre todo, en cazas Messerschmitt y cazabombarderos Focke-Wulf, con los que fue anotado el derribo de más de 160 aparatos soviéticos aunque pagó un precio de 20 bajas entre muertos, prisioneros y desaparecidos, sólo entre los pilotos.

Eduardo Laucirica Charlén nunca formó parte de la Escuadrilla Azul, pero también conocía por experiencia a la Luftwaffe. Este bilbaíno nacido a finales de 1912 estudiaba 5ª de Medicina cuando estalló la Guerra civil en España. Como el conflicto le sorprendió en Santander, fue reclutado para el ejército republicano pero, al inclinarse políticamente por las ideas de los rebeldes, desertó en cuanto pudo y se pasó a sus filas.

Nombrado alférez provisional de su fuerza aérea, se integró en calidad de observador de reconocimiento al grupo 22 de bombarderos nocturnos y hacia el final del conflicto, en abril de 1939, fue ascendido a teniente. Terminada la guerra hizo el curso de pilotaje de cazas y fue asignado a la VI escuadrilla del 23 Regimiento de Caza con base en el aeropuerto barcelonés de El Prat. Los pilotos se llamaban a sí mismos la escuadrilla de *Lara Larán*.

Probablemente sopesó la posibilidad de unirse a los miembros de la Escuadrilla Azul pero al fin la desestimó por entender que las ansias de aventura ya habían sido suficientemente cubiertas sin necesidad de meterse en nuevas guerras y lo que de verdad deseaba en aquel momento era terminar sus estudios, casarse con su novia y establecerse como médico para vivir una vida normal con identidad civil. Así que a finales de 1940 decidió abandonar las fuerzas aéreas y, como despedida a su carrera militar, se sumó a la exhibición aeronáutica que se organizó el 7 de diciembre en El Prat. Era una ocasión inmejorable para lucirse, pues asistiría mucho público además de importantes autoridades tanto civiles como militares.

Laucirica se puso a los mandos de un caza que conocía: el Messerschmitt BF-109 E-3. El aparato que pilotaba, con matrícula 6-130, había sido regalado por el Reich al gobierno de Franco tras al final de la guerra. Era uno de los mejores aviones de caza de la época y aquél en concreto había sido pilotado por Walter Grabmann, comandante del J-88 de la Legión Cóndor (donde voló en unas 140 misiones y consiguió derribar media docena de aviones republicanos), quien durante la SGM llegaría al grado de general de la Luftwaffe.

El piloto bilbaíno despegó y durante unos diez minutos ejecutó sin problemas una serie de acrobacias contempladas en el programa antes dc que su avión, tras un giro, cayera en barrena desde unos 800 metros de altura y terminara estrellándose a unos dos kilómetros del aeródromo en una ciénaga de la zona del delta del Llobregat. El impacto contra el suelo fue tan terrible que levantó según los testigos un surtidor de barro de más de diez metros de altura. Ante la mirada de espanto de su novia y del resto de espectadores que asistían a la exhibición, la cola del aparato –lo único que había quedado a la vista tras el choque– se hundió en el fango con relativa rapidez y en pocos minutos no quedaba ni rastro del avión.

Los servicios de emergencia del aeropuerto y los bomberos de Barcelona trataron de recuperar sus restos durante una semana pero sus medios eran muy limitados y el terreno, muy complicado para trabajar. Uno de los integrantes de estos equipos, el sargento Francisco Martínez, explicó después que la zona «era impracticable y no había manera de encontrarlo». Tras muchísimo esfuerzo, lo único que

Un Messerschmitt BB-109, como el que pilotó Laucirica en su último vuelo.

lograron recuperar fue la falange de un dedo del piloto y un pedazo de una de las alas del caza. Rota por el dolor, su familia se vio obligada a renunciar a recuperar el cadáver, considerando que podía darlo por enterrado. No obstante, algún tiempo más tarde adquirió una pequeña parcela junto al lugar donde se había producido el accidente con el único objetivo de levantar allí un monolito de piedra con una cruz a modo de lápida funeraria.

Con el tiempo, el siniestro fue olvidado por casi todo el mundo menos por sus familiares que más de sesenta años después vieron la oportunidad de conseguir lo que no habían podido hacer en 1940. Fue a raíz de la construcción de la tercera pista del aeropuerto de El Prat, que pasaría junto al lugar donde se había estrellado el aparato.

La familia Laucirica pidió entonces a AENA –Aeropuertos Españoles y Navegación Aérea–, empresa responsable de la gestión de los aeródromos nacionales, que aprovechase los trabajos de urbanización de la zona para buscar los restos del accidente. AENA aceptó y, utilizando un georradar y detectores de metales, en noviembre de 2002 encontró, cerca del monolito de piedra con la cruz, varios trozos del motor, el tren de aterrizaje y el fuselaje, además de una ametralladora MG-17 con su munición y el paracaídas del piloto. Luego aparecieron sus restos humanos, que fueron entregados a la familia y hoy día reposan en el panteón del Ejército del Aire en Montjuïc.

Nunca llegó a aclararse por qué se precipitó a tierra el avión de Laucirica pero las conclusiones de algunos expertos apuntan a una combinación de dos factores. Por un lado, a pesar de su calidad técnica, el Messerschmitt BF-109 presentaba ciertas características que le convertían en un buen avión de combate pero le impedían practicar demasiadas filigranas aéreas. Por otro lado, el bilbaíno no era un piloto experto, ya que la mayor parte de su carrera bélica la había desarrollado como observador. Así, la posibilidad de lucirse una última vez a los mandos de un caza delante de su novia pudo llevarle a cometer un terrible error de pilotaje que no sólo puso fin a su vida militar sino al resto de su existencia.

Uno de sus antiguos compañeros, José Luis Milá, concedió una entrevista en 2002 –cuando ya había cumplido los 84 años de edad–, en la que reconocía que «volar en el Messerschmitt era una sensación extraordinaria (...) como llevar un cochazo (...) fácil y comodísimo (...) era la última palabra de la aviación mundial en aquellos momentos», motivo por el cual «pienso que tal vez bajó en picado para impresionar durante la exhibición y se fue al suelo (...) no tuvo tiempo de enterarse de que se mataba...»

Estrella de África

El teniente Laucirica no fue el único piloto que se estrelló inesperadamente a bordo de un Messerchsmitt BF-109, un avión que a pesar de sus adelantos no era el preferido por los grandes ases de la aviación germana. Entre ellos, Adolf Galland, quien advertía a sus colegas de los peligros de pilotar un modelo no recomendado para novatos pues no admitía errores.

Hans-Joachim Marseille, conocido como la *Estrella de África* por su notable papel en este teatro bélico, tuvo oportunidad de comprobarlo en persona y eso que fue uno de los más experimentados y exitosos pilotos de la Luftwaffe. Con su particular panoplia de tácticas de combate, se especializó en el derribo múltiple de formaciones enemigas, sorprendidas al verse atacadas por un único pero veloz y eficiente enemigo, como cuando derribó 6 de los 16 cazas británicos que encontró en junio de 1942 sobrevolando territorio africano en un ejercicio de audacia difícilmente superable del que logró salir ileso.

En septiembre del mismo año logró derribar 17 aviones en un solo día, una marca sólo batida por su colega *Emil* Bully Lang en el frente oriental, donde derribó 18 aviones soviéticos en una jornada.

Pero el día 30 del mismo mes se le acabó la fortuna. Al regreso de una misión de escolta a cazabombarderos Stuka en la que no hubo contacto con aviones enemigos, su BF-109 empezó a perder potencia mientras la cabina se llenaba de humo por un fallo técnico. Desprovisto de visibilidad y respirando cada vez peor, sus compañeros le guiaron por radio hasta que empezaron a sobrevolar territorio bajo control alemán. Entonces abrió la carlinga para tirarse en paracaídas, mas el aparato cayó en picado y Marseille se golpeó contra el estabilizador vertical. No llegó a saltar y se estrelló junto con su avión.

André Maginot y la defensa inútil

El político francés André Maginot nació en París en 1877 y su personalidad se construyó de acuerdo con los parámetros del siglo XIX. Hombre inteligente y provisto de ambición vital, se doctoró en Derecho y consiguió un puesto de diputado por Bar-le-Duc, en la región de la Alsacia-Lorena, donde residió durante parte de su vida.

Pronto hizo carrera en la administración y en 1913 asumió el cargo de subsecretario de Guerra, con lo que vivió de cerca el proceso que terminó desencadenando la PGM: un conflicto asumido con ignorante entusiasmo en buena parte de Europa, incluyendo a Francia, que todavía no había digerido su derrota en la guerra francoprusiana de 1870/1871 y aspiraba a la revancha. Alistado en el 44 Regimiento Territorial, Maginot se desempeñó bien en primera línea y logró un pronto ascenso a sargento. A los cuatro meses de guerra y durante un enfrentamiento contra el enemigo cerca de Verdún, fue herido de gravedad en la pierna y retirado del frente, al que ya no volvería, ya que le quedó una cojera que le acompañaría el resto de su vida.

Se concentra entonces en su carrera política mientras contempla desde lejos los horrores de la guerra de trincheras: unas imágenes que impresionaron a varias generaciones de europeos. En 1917 asume el cargo de Ministro de Colonias y, en 1920, el de Pensiones, desde el cual se compromete a mejorar la asistencia para los veteranos de la PGM. En 1922, durante el segundo mandato de Raymond Poincaré, es nombrado Ministro de Guerra. En ese momento puede empezar a aplicar una idea que le obsesionaba desde hace tiempo: la construcción de grandes fortificaciones en el este de Francia para disuadir a sus vecinos germanos de un futuro conflicto bélico o, al menos, para defenderse de ellos si volvía a desatarse. Como la mayor parte de los políticos que vivieron de cerca la firma del Tratado de Versalles, Maginot temía que, cuando Alemania levantara la cabeza, no dudaría en recurrir a la fuerza si era necesario para recuperar su posición en el tablero internacional.

Por ello, pretendía que en ese momento sus soldados dispusieran de las mejores trincheras del mundo, de manera que incluso un grupo reducido de hombres pudiera defender con éxito posiciones prácticamente inexpugnables. Estaba convencido de que, si volvía a producirse un enfrentamiento de las dimensiones de la entonces conocida como Gran Guerra, las tácticas no diferirían demasiado de las utilizadas entre 1914 y 1918 y aspiraba a limitar en lo posible el sufrimiento experimentado en aquellos años. Tampoco podía olvidar que su casa de Revigny-sur-Ornain, donde había pasado buena parte de su infancia y juventud, había sido destruida y no deseaba volver a ver la región de Lorena arrasada.

En realidad, no era el único que pensaba así. El mariscal Philippe Petáin –el héroe francés de la PGM que sus opositores transmutaron en villano en la SGM– creó la *Comission de Défense des Frontières* (*Comisión de Defensa de las Fronteras*) precisamente para estudiar los primeros diseños presentados por algunos técnicos militares al poco de finalizar el conflicto de 1918, que ya llevaban un tiempo trabajando sobre esta misma idea defensiva. Fue así como comenzó el estudio de lo que en el futuro se conocería como Línea Maginot: más de un centenar de construcciones fortificadas a pocos kilómetros unas de otras, interconectadas a través de más de 400 kilómetros de túneles y apoyadas por numerosos fortines y casamatas. Este formidable red defensiva permitiría además una mejor, más rápida y segura movilización y desplazamiento de tropas de una zona a otra, así como una base sólida para lanzar un contraataque demoledor tras rechazar la ofensiva enemiga.

Para construir su gran proyecto, Maginot estimó un coste de algo más de 3.000 millones de francos franceses de la época y unas obras de cuatro años, previsiones que se dispararían a medida que la construcción se fue dilatando en el tiempo. Pese a lo elevado del precio, recibió un apoyo abrumador en la Asamblea francesa, donde 274 diputados le dieron su voto y sólo 26 se mostraron en contra. Así pues, la iniciativa salió adelante, aunque tardó bastante más tiempo del previsto en estar terminada.

De acuerdo con los planes, la red defensiva se desplegaría en tres zonas. La primera, en vanguardia, contaba con alambradas, zanjas y obstáculos antitanque, junto con puestos de observación y un primer grupo de nidos de ametralladoras y cañones antitanque. La segunda incluía las fortificaciones con cúpulas de acero de 50 centímetros de espesor mimetizadas con el terreno y artilladas con cañones de medio y grueso calibre, además de defensas similares a las de la primera zona. En los túneles excavados con murallas de cemento de hasta 4 metros de espesor, había alojamientos de tropas, enfermerías, almacenes, instalaciones de ventilación y calefacción, centrales eléctricas y otras infraestructuras. La tercera zona era la más poderosa, con 108 fortificaciones aún más grandes y complejas, incluyendo una red de ferrocarril subterráneo por la cual podía trasladarse armas, municiones y soldados a través de 100 kilómetros de galerías.

Esta poderosa muralla defensiva debía cubrir todo el saliente fronterizo desde Suiza hasta Luxemburgo, si bien tenía un punto débil evidente: el bosque de las Ardenas, que se extendía precisamente entre Luxemburgo, Bélgica y Francia. Equivocadamente, el alto mando francés consideraban que sería imposible que un ejército alemán pudiera atravesar este obstáculo geográfico. Además, París y Bruselas habían firmado una alianza militar en 1920 por la cual los franceses podían desplegar tropas en territorio belga en caso de agresión de un tercer país. Pero Bélgica se declaró neutral y renunció a ese tratado en 1936, lo que obligó a los galos a extender sus defensas por

Soldados franceses desplazándose por los túneles de la Línea Maginot.

toda su frontera norte hasta el Canal de la Mancha. Lógicamente, los parapetos construidos allí, ya fuera de presupuesto, fueron muy inferiores a los desarrollados en el resto de la red.

Maginot fue sustituido en su cargo en 1924 por Paul Painlevé, quien se encargó de materializar una parte de la red defensiva. En 1929, fue nombrado de nuevo Ministro de la Guerra y comprobó que la obra avanzaba con retrasos. No llegaría a verla terminada: el 7 de enero de 1932 falleció víctima del tifus, enfermedad que se convertiría en uno de los peores enemigos del género humano durante los años de la SGM al causar una elevada mortandad entre civiles y militares que vino a sumarse a la del conflicto bélico en ciernes. Enterrado con honores y luto nacional, el sistema defensivo al que había dedicado sus últimos años fue nombrado, en su honor, Línea Maginot. Y así quedó para la historia.

Ahora bien, la Línea Maginot fue, pese a las buenas intenciones de su creador, un error monumental para la defensa francesa: costó demasiado dinero y demasiado esfuerzo y levantó unas expectativas que se vieron totalmente defraudadas a la hora de la verdad.

Finalizada en 1939, justo a tiempo para el comienzo de la SGM, la doctrina de la Guerra Relámpago alemana la dejó obsoleta de inmediato pues el Grupo de Ejércitos A de la Werhmacht atravesó las

Ardenas a pesar de todo y simplemente rodeó las fortificaciones por la zona de Sedán para luego ascender hacia el norte, hacia el Canal de la Mancha. Fue un movimiento rápido que el mariscal alemán Erich von Manstein calificó como «el corte de la hoz» y que permitió efectivamente «segar» a los franceses por tierra mientras la Luftwaffe bombardeaba desde las alturas. Y es que la *Blitzkrieg* funcionó en Francia en 1940 igual de bien que lo había hecho el año anterior en Polonia, demostrando que la concepción de la defensa estática formaba ya parte del pasado.

De hecho, en vida Maginot había sufrido algunas –pocas– críticas en ese sentido por parte de ciertos personajes relevantes como el político Paul Reynaud o el militar Charles de Gaulle, quienes eran partidarios de destinar la elevada financiación que fue necesario destinar para armar esta red defensiva a otro tipo de partidas de armamento moderno, especialmente en aviación y en blindados. No se les escuchó en su momento y ello costó una espectacular derrota al ejército francés.

Atrincherados tras la Línea Maginot

Desde que Francia y el Reino Unido declararon la guerra a Alemania por la invasión de Polonia hasta que las hostilidades llegaron a territorio francés transcurrieron 8 meses de inactividad en el frente del oeste. Fue una de las peores equivocaciones del alto mando francés durante la SGM, pues prefirió atrincherar a su ejército tras la Línea Maginot a la espera de que llegaran los alemanes. Si hubiera aprovechado que el grueso de las tropas enemigas se encontraba en Polonia para lanzar un ataque al Reich por el oeste, habría asestado un duro golpe que probablemente hubiera cambiado mucho el panorama durante los meses siguientes.

El periodista francés Roland Dorgelelés, contratado como corresponsal de guerra por la revista *Gringoire*, bautizó aquella extraña situación en uno de sus reportajes como la *drôle de guerre* o *guerra falsa*, también conocida como la *guerra de broma*. La expresión hizo fortuna y pronto todo el mundo en Francia calificaba así la situación. Incluso los británicos empezaron a llamarla igual: la *Phoney War* o guerra falsa. En Alemania, sin embargo, este período de tiempo fue denominado *Sitzkrieg* o *guerra del sillón*, como un juego de palabras frente a *Blitzkrieg* o *guerra relámpago*.

Tras la derrota de los polacos, la inactividad francesa y también la británica concedieron a la Werhmacht y la Luftwaffe todo el tiempo que necesitaban para recomponer sus filas, reorganizarse y diseñar planes eficientes de conquista más allá de sus fronteras occidentales que luego les permitieron avanzar con suma rapidez en Francia, Bélgica, Holanda y Luxemburgo.

Entre septiembre de 1939 y mayo de 1940, los únicos enfrentamientos militares entre francobritánicos y alemanes se limitaron a varias batallas navales en el Atlántico y a las campañas de Noruega y Dinamarca, en las que Alemania también salió victoriosa.

Una de las casamatas de la Línea Maginot.

Henri Giraud y la media hora perdida

Henri Honore Giraud fue uno de los principales generales franceses de la SGM y su vida estuvo lleno de peripecias y aventuras militares. Nacido en París en 1879, sirvió en las colonias francesas del norte de África hasta que regresó a Europa por el comienzo de la PGM. No tuvo suerte y fue capturado enseguida por los alemanes. Conducido a un campo de prisioneros en Bélgica, su carácter combativo le llevó a buscar la manera de fugarse, lo que logró un par de meses después, disfrazado y con la ayuda de una enfermera británica. Después de alcanzar la frontera holandesa, desde allí regresó a Francia y de nuevo al combate.

Finalizado el primer gran conflicto europeo, regresó al norte de África donde hizo carrera luchando en la guerra del Rif, en la que franceses y españoles se enfrentaron a los rebeldes cabileños de Abd

Soldados franceses en Arras durante la PGM.

el-Krim. Fue condecorado, nombrado general y trasladado de nuevo a Francia, esta vez a la ciudad de Metz. A continuación entró en el Consejo Superior de Guerra de Francia.

Cuando empezó la SGM fue nombrado comandante del VII Ejército y destinado a Holanda en mayo de 1940 para intentar frenar el avance alemán. Sólo pudo retrasarlo durante unos pocos días y al precio de importantes bajas. El alto mando francés decidió entonces fusionar lo que quedaba de sus tropas con el IX Ejército y llamó a Giraud al cuartel general en Wasigny, en la zona de las Ardenas.

Por entonces, los franceses consideraban equivocadamente que este bosque era un obstáculo demasiado formidable para que pudiera atravesarlo un ejército alemán. Además, los mandos galos continuaban instalados en la mentalidad de la guerra de trincheras y las posiciones estáticas y no se planteaban, como sus enemigos, una ofensiva basada en la movilidad permanente a la mayor velocidad posible. Giraud no era una excepción y cometió el error de viajar y presentarse directamente en las oficinas militares sin demasiadas prisas. Tampoco se tomó la molestia de comprobar previamente por teléfono si el cuartel general seguía estando en el mismo sitio pues no podía imaginar que el dinamismo bélico impuesto por los alemanes hubiera podido forzar en tan poco tiempo un cambio de su ubicación…, pero eso fue exactamente lo que sucedió.

Al llegar a Wasigny, se encontró con un nutrido grupo de soldados alemanes que se cuadró y saludó ante él en signo de respeto. Sorprendido por el recibimiento, el general francés no supo reaccionar. Entonces, se adelantó un oficial alemán, que también le saludó y luego le informó con amabilidad de que a partir de aquel momento podía considerarse prisionero de la Werhmacht.

El oficial le explicó que el rápido avance germano había forzado al comando del IX Ejército a abandonar la zona hacía sólo media hora. Quince minutos más tarde los alemanes llegaron al lugar, lo ocuparon sin disparar un tiro y, al enterarse de que Giraud iba hacia allá decidieron esperarlo y detenerlo para completar el día, pues era uno de los máximos mandos militares en la región. Si hubiera llegado media hora antes, no habría sido capturado. Giraud fue conducido entonces a una de las prisiones de máxima seguridad destinadas a prisioneros de guerra de importancia: la fortaleza de Königstein, cerca de Dresden. Sus carceleros le recomendaron que se armara de paciencia, porque no podría salir de allí hasta que finalizara la guerra.

No obstante, el general francés demostró mucho temple. Ya había sido capturado en una ocasión y había podido evadirse. ¿Por qué no iba a poder hacerlo de nuevo? Y lo hizo, aunque en esta ocasión en lugar de dos meses tardó dos años en preparar su evasión. El plan de fugas así lo exigía, porque esta vez no estaba internado en Bélgica sino en el este de Alemania, muy lejos de su patria. Así que dedicó ese tiempo a aprender alemán, memorizar mapas de la zona en la que se encontraba Königstein y almacenar a escondidas los alambres que envolvían los paquetes postales que recibía, además de los que podía robar de distintos elementos metálicos de su prisión.

El 17 de abril de 1942 se consideró preparado así que, tras romper los barrotes de su celda, se descolgó unos 40 metros con la ayuda de una «cuerda» confeccionada con los alambres y las sábanas de su camastro. Una vez fuera de la prisión, se afeitó su característico y espeso bigote y escapó en dirección a Bad Schandau, cerca de la frontera con Checoslovaquia. Allí recibió apoyo británico, pero no de una enfermera como en su fuga de la PGM, sino de la SOE (*Special Operations Executive* o *Dirección de Operaciones Especiales*) que esperaba su llegada para facilitarle la fuga. Esta organización había sido creada a partir de una de las secciones del servicio secreto británico por órdenes directas de Winston Churchill para labores de espionaje, sabotaje y otras «operaciones negras» en la Europa bajo control alemán. Los agentes de la SOE también apoyaban a los distintos grupos de resistencia en Francia, Polonia o Grecia, entre otros.

Giraud echó mano de toda su sangre fría para hacerse pasar por un civil alemán y, viajando a bordo de los trenes de su enemigo, alcanzar finalmente la frontera de Suiza, que cruzó ilegalmente. Allí fue arrestado y entregado a la Francia de Vichy. Una vez de vuelta en su país, reafirmó su fidelidad a Pétain pero solicitó servir en un puesto en el que no tuviera que colaborar con Alemania. Por cierto que en Berlín su fuga había sentado francamente mal y exigieron a Pétain que entregara a Giraud pero el viejo mariscal simpatizaba con el aventurero general y admiraba su valor, por lo que no sólo no lo devolvió a Alemania sino que le envió, una vez más, a África.

Leal a Francia, el militar quiso colaborar con los Aliados pues consideraba que la Resistencia por sí misma no llegaría muy lejos. Pudo haberse convertido en una pieza fundamental de la guerra. De hecho, el general Eisenhower le bautizó con el apodo de *Kingpin* (o *Piedra angular*, *Persona principal*) tras pedirle que asumiera el mando de las tropas francesas en el norte de África y les convenciera de dejar de obedecer al régimen de Vichy para retomar las hostilidades contra Alemania una vez comenzara la Operación *Torch* (*Antorcha*) con la que los angloamericanos tomarían la iniciativa en esta región. Herido en su amor propio, él renunció a este papel de liderazgo exclusivamente francés ya que había soñado, con cierta ingenuidad, que le dejarían dirigir toda la operación, dada su experiencia en la zona y teniendo en cuenta el histórico papel colonial de su país.

El papel de la Resistencia francesa

Los verdaderos pero escasos miembros de la Resistencia francesa fueron menos decisivos en el resultado final de la guerra de lo que quiere el mito nacional que se construyó alrededor. Colaboraron sobre todo con la recopilación de información para los agentes británicos –que la transmitían a Londres para ayudar a pergeñar las operaciones bélicas en el continente– y en la preparación y desarrollo del Desembarco de Normandía, donde ayudaron a sabotear la defensa alemana y, más tarde, a facilitar el despliegue y avance de las tropas de invasión.

En Francia, el pésimo papel de sus soldados y el elevado nivel de colaboracionismo de la sociedad civil –muchos de cuyos representantes famosos, como Louis Ferdinand Céline, Maurice Chevalier, Coco Chanel, Edith Piaf o Jean Cocteau, entre otros, no tuvieron problema en colaborar con el régimen de Vichy o directamente con los alemanes– desató tras el conflicto una auténtica caza de brujas que condujo a numerosos

Un número indeterminado de mujeres fueron acusadas de colaboracionismo tras la marcha de los alemanes. Vejadas, fueron paseadas semidesnudas por las calles francesas antes de ser ejecutadas.

ciudadanos a fabricarse un imaginario pasado de «secreto luchador contra la ocupación» más acorde con el resultado final de 1945, aunque sólo fuera para protegerse de las acusaciones de traición.

En 1950, el gobierno francés reconoció que sólo durante los primeros seis meses tras la *Liberación* de París el nuevo gobierno de De Gaulle había ejecutado a más de 100.000 franceses acusados de traición y colaboracionismo. Y esto sólo en la Francia metropolitana pues se desconoce el número de víctimas en sus posesiones coloniales.

Frank McMillan, jefe de la división histórica del ejército norteamericano que recogió información sobre el desarrollo de la guerra en distintas áreas de Europa, llegó a una conclusión devastadora para el orgullo nacional francés. Según los datos recopilados por su equipo, unos 318.000 franceses murieron en la SGM. Sumando los más de 100.000 ejecutados a otros 50.000 que habrían muerto a manos de la Resistencia en la Provenza, los muertos por los bombardeos angloamericanos sobre las poblaciones ocupadas y los caídos en los enfrentamientos entre gaullistas y petainistas, resulta que más de la mitad de los franceses fallecidos no murieron en combate contra las tropas alemanas sino a manos de otros franceses o del fuego amigo de los Aliados.

Cuando Giraud quiso darse cuenta de la equivocación que había cometido al no aceptar la encomienda de Eisenhower, éste ya le había dejado de lado reservándole un papel secundario en el desarrollo de los acontecimientos. Su negativa fue aprovechada por Charles de Gaulle para desacreditarle y reforzar su posición como máximo líder de la llamada Francia Libre. Giraud mantenía con él una fuerte enemistad que se remontaba a años atrás y que había ido *in crescendo* a medida que De Gaulle estrechaba sus contactos con otros líderes aliados y consolidaba una organización política propia para respaldarle.

Aunque estuvo presente en la Conferencia de Casablanca en enero de 1943 junto a Roosevelt, Churchill y De Gaulle –donde fue

Giraud conversa con Roosevelt durante la Conferencia de Casablanca. A la izquierda del presidente norteamericano está De Gaulle y, más allá, Churchill.

nombrado, junto a su rival, copresidente del Comité Francés de Liberación Nacional–, pocos meses después perdió todas sus opciones.

Al reconocer la debilidad de su posición, Giraud arrojó la toalla y abandonó su sueño de convertirse en el máximo líder de la nueva Francia. Aún así, a finales de agosto de 1944 sufrió un atentado en Argelia, cuya autoría no está clara.

Salvó la vida y sobrevivió a la SGM y, el 2 de junio de 1946, fue elegido diputado de la Asamblea Constituyente que dio a luz a la Cuarta República francesa. Ése fue su último logro. De Gaulle personalmente se encargó de anular cualquier posible influencia política de su antiguo rival y, en marzo de 1949, Giraud falleció en Dijon.

El error de imagen de Jesse Owens

Aunque la historia de este epígrafe no pertenece estrictamente a la SGM, es un magnífico ejemplo de los múltiples errores de información a los que estamos expuestos a la hora de analizar el conflicto. Habla de James Cleveland Owens, nacido en Oakville, Alabama, en 1913, y cuya familia se mudó a Cleveland, Ohio, huyendo de la segregación racial que era especialmente fuerte en el sur de los Estados Unidos. Cuando ingresó en la escuela su profesor le preguntó cómo se llamaba. Él contestó «J.C.» pero debido a su fuerte acento el profesor entendió *Jesse*. Por eso fue conocido con este nombre a partir de entonces.

Durante su adolescencia simultaneó distintos trabajos con su interés por las carreras de velocidad, aunque no sería hasta 1933, mientras estudiaba en la *East Technical High School* de Cleveland, cuando despertó la atención al igualar el récord mundial en la carrera de las 100 yardas (casi 91,5 metros) en el campeonato nacional de secundaria. Cuando empezó a estudiar y entrenar en la Universidad de Ohio, ya le apodaban «la bala».

Sus progresos deportivos le convirtieron en uno de los atletas favoritos de la selección de EE.UU. para los Juegos Olímpicos de 1936 en Berlín, donde se convirtió en una leyenda, aunque ésta ha sido deformada hasta extremos caricaturescos. La versión oficial explica que el III Reich pretendía convertir estos JJ.OO. en una apoteosis de la superioridad de la raza blanca y que las inesperadas victorias del atleta negro –que cosechó cuatro medallas de oro– habrían humillado hasta tal punto al régimen nacionalsocialista que el propio Adolf Hitler, muy irritado, abandonó el estadio olímpico para no tener que saludar y estrechar la mano de Owens.

En efecto, la cita deportiva de Berlín supuso una oportunidad propagandística pero no se organizó pensando en ninguna superioridad racial sino para mostrar una imagen moderna, organizada y fuerte de la Alemania hitleriana. El desarrollo de la competición fue modélico, igual que el comportamiento del público y la fraternidad entre los propios atletas de distintos países y razas, según recogen las crónicas deportivas de la época. Entre sus innovaciones figura el encendido de la antorcha olímpica emulando a los antiguos griegos, de los que la cúpula de jerarcas nacionalsocialistas eran admiradores.

La prensa internacional destacó que Hitler presenció parte del espectáculo deportivo durante el primer día y luego quiso conocer y felicitar personalmente y en público a los ganadores de las pruebas que había visto: lanzamientos de jabalina y de peso y carrera de los 10.000 metros. Antes de abandonar el estadio, los miembros del Comité Olímpico Internacional (COI) encabezados por su presidente, el belga Henri Baillet-Latour, le exigieron que dejara de saludar públicamente a los vencedores pues el protocolo olímpico así lo establecía. Trataban de evitar que estos gestos fueran rentabilizados políticamente. Esta petición se planteó justo antes de que el primer atleta negro ganara una prueba, pero no fue Jesse Owens sino Cornelius Johnson, quien consiguió la medalla de oro en salto de altura. Debido a las demandas del COI, no hubo saludo público para Johnson, ni tampoco para ningún otro atleta más, blanco o negro, hasta el final de los Juegos.

Las victorias de Owens no fueron ninguna sorpresa pues en las eliminatorias previas batió varios récords y era uno de los favoritos. El *Correio do Povo* de Porto Alegre (Brasil) publicó sus palabras cuando ganó el oro en los 100 metros: «todo el estadio se mostraba tan animado que me contagió y corrí con más alegría (…) Me ha impresionado profundamente el entusiasmo deportivo de los espec-

Cartel de los Juegos Olímpicos de Berlín.

tadores alemanes, la caballerosa actitud del público. Pueden decirle a todo el mundo que agradecemos la hospitalidad alemana».

Su éxito le llevó a convertirse en el primer atleta negro patrocinado: Adi Dassler, futuro fundador de la compañía de ropa deportiva Adidas, le convenció para que usara las zapatillas que fabricaba entonces en la Gebrüder Dassler Schufabrik. Eufórico por tanta admiración en un país extranjero, obtuvo su segunda medalla de oro en salto de longitud en competición con el germano Lutz Long, al que sólo pudo superar por pocos centímetros en el último de los saltos. Owens y Long se hicieron amigos y mantuvieron su amistad durante mucho tiempo. El atleta negro explicó luego que había seguido algunos de los consejos del atleta blanco para saltar mejor y ganar la medalla.

La tercera presea llegó en los 200 metros y el propio Hitler fue testigo de la victoria. Delante de él, Owens fue homenajeado junto con el segundo y tercer clasificados en una tribuna especialmente adornada. La cuarta y última medalla, también con récord mundial, la consiguió con el equipo de relevos en 100 metros. Owens contó en varias ocasiones que se había sentido muy a gusto en Alemania y desmintió que Hitler, enfadado, se marchara dándole públicamente la espalda. Al contrario, no pudo estrechar su mano por la exigencia del COI pero cuando descendió de la tribuna «el Canciller se incorporó, me saludó y yo le devolví el saludo. Los periodistas han mostrado mal gusto al criticarle». Algunos testigos aseguraron años después que sí existió una foto en la que ambos se estrechaban la mano detrás del palco, pero nunca se hizo pública.

El atleta norteamericano era tan popular que uno de sus compañeros de equipo, Herb Fleming, con el que siempre le confundían, aceptó hacerse pasar por él para liberarle de parte de la presión de sus fans, dejándose fotografiar y firmando autógrafos por él. Al finalizar los JJ.OO., el Reich patrocinó una exhibición del equipo norteamericano, incluyendo al propio Owens, en Colonia, donde otra multitud les aplaudió y disfrutó con sus hazañas deportivas.

En contraste, cuando regresó a EE.UU., volvió a sufrir casi de inmediato las políticas segregacionistas, como el resto de personas de su raza. Los medios de prensa de su propio país le ignoraron y los

Long y Owens conversan amigablemente en el estadio olímpico de Berlín en 1936.

grandes homenajes de las principales instituciones brillaron por su ausencia. El presidente Franklin Delano Roosevelt tampoco le llamó a la Casa Blanca para felicitarle como hubiera sido normal teniendo en cuenta el impacto mediático que había obtenido en Europa. ¿Por qué? Según algunos historiadores, porque Owens cometió el error de atreverse a hablar bien de Alemania, en un momento en el que no había que hacerlo. La SGM aún tardaría tres años en estallar, pero la guerra por el favor de la opinión pública y en contra del III Reich había comenzado hacía ya tiempo –desde el momento en el que Hitler subió al poder tras ganar las elecciones de 1933– y exigía potenciar la peor imagen posible de su persona y de su país.

Las autoridades deportivas norteamericanas impidieron que Owens viajara invitado a Suecia junto con sus compañeros de selección tras finalizar los JJ.OO. y, cuando regresó, le retiraron la categoría de amateur, lo que dio al traste con su carrera deportiva. En unas indignadas declaraciones, el atleta se quejó de que «el mundo del atletismo se está convirtiendo en una farsa (...) tus mismos compatriotas te quitan lo que te pertenece.»

Nunca volvió a competir..., a excepción de en pruebas denigrantes para ganarse la vida, corriendo incluso contra caballos.

Las leyes de Jim Crow

EE.UU. luchó en la SGM en nombre de la Libertad, la Igualdad, la Democracia y otras grandes palabras escritas con mayúscula, mas el racismo de su sociedad era tan alto o mayor del que había en Alemania y el resto de países más avanzados de Europa. La segregación adquirió estatus legal a raíz de las llamadas *Leyes de Jim Crow* de 1876, que recortaban derechos a las personas negras frente a las blancas y prohibían la relación entre ambas.

Jim Crow no era un juez sino un personaje creado por el actor blanco Thomas Darmouth Rice, que pintaba su cara de negro para «cambiar de raza» en sus espectáculos, y burlarse del presidente Andrew Jackson. Se hizo tan popular que ya antes de 1840 la expresión *Jim Crow* se había convertido en sinónimo de negro norteamericano, en sentido peyorativo.

Recordemos que no fue hasta 1954 cuando el Tribunal Supremo de los EE.UU. promulgó oficialmente la educación como derecho civil esencial para todos los ciudadanos sin importar su origen, con lo que la segregación racial en las escuelas públicas fue declarada ilegal. Y no fue hasta 1964 –casi 20 años después del final de la SGM– cuando la Ley de Derechos Civiles abolió finalmente las leyes de Jim Crow, mientras que en 1965 la Ley del Derecho al Voto terminó con las restricciones que quedaban para los ciudadanos de color.

Portada del *The New Yorker* de la época, crítico con el racismo en Estados Unidos.

Por cierto, en los JJ.OO. de Berlín, las medallas de Owens incrementaron hasta 56 el número total de las cosechadas por Estados Unidos, mientras que Francia obtuvo 19 y el Reino Unido, 14. Pero el país que más ganó fue… Alemania que, con 89 preseas (33 de oro, 26 de plata y 30 de bronce, en primera posición del medallero en las tres categorías) logró un número idéntico al de la suma de las tres potencias internacionales más importantes del momento. No parece que Hitler tuviera demasiadas razones para sentirse humillado por las victorias de Owens.

2.

Peripecias europeas

Armin Faber, el despistado

La primavera de 1942 obsequió a las fuerzas de la Luftwaffe ubicadas en el norte de Francia con un nuevo tipo de avión: el Focke-Wulf Fw 190, con el que las escuadrillas alemanas empezaron a sustituir a sus más curtidos cazas Messerschmitt Bf 109. Dado que los nuevos aparatos parecían ser notablemente superiores a los Supermarine Spitfire de la RAF que llevaban el peso de la defensa aérea en el Reino Unido, se comprende la preocupación del alto mando en Londres, quien tanteó todo tipo de posibilidades para hacerse con los planos del aparato o incluso con uno de ellos si era posible, para analizarlo a fondo y estudiar cómo contrarrestar su potencial.

Ninguno de los planes urdidos para apoderarse de uno de estos aviones surtió efecto y tampoco el espionaje pudo facilitar la documentación deseada. Sin embargo, la diosa Fortuna decidió sonreír a los británicos en la noche de san Juan…

Así, el 23 de junio de 1942 una docena de bombarderos Douglas DB-7 Boston, escoltados por tres escuadrillas de Spitfires pilotadas por checoslovacos –entre los que se encontraba Alois Vašátkos, comandante de todo el personal checo que luchaba con material británico– regresaban a Inglaterra tras una misión de ataque cuando se encontraron con los Focke-Wulf de la 7ª escuadrilla del *Jagdgeschwader* o *Ala de Caza* número 2 con base en el aeródromo bretón de Morlaix. Los bombarderos continuaron su camino mientras los cazas británicos viraban y formaban con objeto de proteger su huida, aunque tuvieran que enfrentarse a los temidos nuevos cazas alemanes.

El combate fue rápido y evidenció de nuevo la superioridad germana, ya que siete aviones británicos fueron derribados por sólo dos de los alemanes. Pero en el curso del mismo se produjo un duelo muy especial, entre el Spitfire pilotado por el sargento checo František Trejtnar y el FW 190 del teniente alemán Armin Faber, que se había quedado descolgado del resto de sus compañeros de escuadrilla.

Trejtnar se puso a la cola de Faber tratando de abatirle con sus ametralladoras y éste eludió sus disparos con una colección de espectaculares maniobras a alta velocidad, aunque no consiguió despegarse de su tenaz perseguidor. Ambos aparatos evolucionaron entre las nubes alejándose poco a poco del sector donde se encontraba el resto de aviones y, sin percatarse de ello, con rumbo norte. Finalmente, Faber se atrevió con el giro Immelmann y logró encarar a Trejtnar, con la ventaja de llevar el sol a sus espaldas. Los dos cazas se precipitaron disparando el uno contra el otro.

Un Focke-Wulf Fw 190, con el que las escuadrillas alemanas empezaron a sustituir a sus más curtidos cazas Messerschmitt Bf 109.

El giro Immelmann

Immelmann luce todas sus condecoraciones, con la *Blauer Max* al cuello.

No todos los aviones –ni tampoco todos los pilotos– de la SGM estaban capacitados para realizar un giro Immelmann, que consiste básicamente en zafarse de un perseguidor con un ascenso brusco seguido por un giro, de manera que el aparato traza un rizo en el aire y al recuperar su posición se ha recolocado detrás del que le seguía, con lo cual invierte los papeles en el combate. Esta maniobra, inventada por el alemán Max Immelmann en la PGM, salvó a más de un piloto en una época en la que los aviones contaban como único armamento con una o dos ametralladoras que disparaban hacia delante. Si un enemigo conseguía colocarse a la cola y mantenerse allí, podía disparar a placer sabiéndose a salvo de represalias.

Immelmann o *der Adler von Lille* (*el águila de Lille*) fue uno de los principales ases de la aviación germana en este conflicto y también, el primero en recibir la máxima condecoración de ese momento: la cruz *Pour le Mérite* (*Por el mérito*). Su nombre se debía a su origen, en el siglo XVIII en el reino de Prusia, cuando el francés se empleaba como idioma culto en la corte real. Por ello, los militares alemanes la rebautizaron como *Blauer Max* o *Max azul* por el color de sus aspas y en honor a Immelmann. El propio Kaiser Guillermo II le impuso la medalla durante una ceremonia en enero de 1916.

Faber tuvo más puntería y sus ametralladoras destrozaron parte del ala derecha del Spitfire. Mientras el avión británico caía en barrena, Trejtnar, herido en un brazo, consiguió saltar en paracaídas y llegar al suelo, aunque su descenso fue tan brusco que, además, se rompió una pierna.

Resoplando y tratando de orientarse, el piloto alemán vio el mar a sus pies e interpretó que se encontraba sobrevolando el Canal de la Mancha junto a las costas francesas, así que enfiló hacia tierra buscando con cierta ansiedad un aeródromo donde poder aterrizar, porque se estaba quedando sin combustible y porque la tarde caía y cuanta menos luz hubiera menos posibilidades tenía de llegar con bien. Al fin logró distinguir uno y se dirigió hacia la pista bamboleando las alas del Fw 190 en característica señal de victoria.

Eufórico, se disponía a detener su avión para contar su épico combate en la cantina, cuando se encontró con un sargento británico subido en una de las alas del Fw 190, que le apuntaba con una pistola de bengalas. Sólo en ese momento se dio cuenta de la equivocación que había cometido: el duelo con el Spitfire le había llevado mucho más al norte de lo que había calculado y el brazo de mar que había divisado a sus pies era un Canal, pero no el de La Mancha sino el de Bristol, que separa Gales del suroeste de Inglaterra. Más tarde se enteraría de que el caza de Trejtnar se había estrellado cerca de Black Dog, en el condado inglés de Devon.

Así, el aeródromo donde había aterrizado no era francés sino el de la base de la RAF en la localidad galesa de Pembrey, donde el personal había contemplado con incrédula expectación cómo uno de los nuevos cazas alemanes les saludaba amistosamente con las alas antes de aterrizar con la mayor tranquilidad del mundo como si descendiera sobre el aeropuerto de Berlín. El primero en reaccionar fue el sargento Jeffreys, jefe del personal de pista, que tomó la única arma que encontró en ese momento, la pistola de bengalas, y salió disparado hacia el Fw 190, antes de que se le ocurriera volver a despegar.

Al comprender su error, Faber aún tuvo el descaro de dirigirse en francés a Jeffreys solicitándole que reabastecieran de combustible su aparato para que pudiera volver a despegar. Quizá fuera un intento desesperado de salir de allí aprovechando la confusión generada por su llegada o tan sólo una muestra de humor negro. Jeffreys le respondió que se bajara de su caza cuanto antes. Hecho prisionero, fue trasladado para su interrogatorio en un vehículo bajo escolta del capitán David Atcherley. Nervioso por el encargo y temiendo que Faber pu-

El Focke-Wulf Fw 190 de Armin Faber
reposa en el aeródromo de Pembrey.

diera escapar, Atcherley le encañonó con su pistola durante todo el viaje, lo que estuvo a punto de causar la muerte del prisionero porque el arma se le disparó en un bache y la bala pasó rozando a Faber.

El piloto alemán fue enviado más tarde a un campo de prisioneros en Canadá, donde pasó el resto de la guerra, no sin antes tener el detalle de ponerse personalmente en contacto con Trejtnar para interesarse de forma caballerosa por sus heridas y desearle una pronta recuperación.

En cuanto a su avión, fue desmontado por piezas y transportado urgentemente en camiones militares a Farnborough, el principal centro de investigación militar aeronáutica del Reino Unido: el *Royal Aircraft Establishment*, para ser exhaustivamente analizado. Gracias a esta inesperada captura, la RAF desarrolló importantes mejoras en los siguientes modelos de Spitfire para poder enfrentar la amenaza del Focke-Wulf.

El museo inglés *Shoreham Aircraft Museum*, en Kent, conserva todavía a día de hoy el parabrisas blindado del Fw 190 capturado, así como parte de su panel de control. También se puede ver algunos fragmentos del Spitfire de Trejtnar. En 1991, Faber visitó el museo para reencontrarse con su pasado y ofreció para sus fondos su daga de oficial y su insignia de piloto.

Franklin Delano Roosevelt y el mapa secreto

Hoy día ya no es ningún secreto que el presidente de los Estados Unidos Franklin Delano Roosevelt hizo lo posible y lo imposible por implicar a su país en la SGM cuanto antes en el bando encabezado por el Reino Unido, a pesar de tener a la opinión pública mayoritariamente en contra. Los ciudadanos estadounidenses son, por tradición, un pueblo aislacionista y muy centrado en sus propios intereses, si bien las políticas desarrolladas por sus dirigentes desde finales del siglo XIX han ido justo en la dirección contraria.

Aparte de la lejanía física y, sobre todo, psicológica de Europa, la población norteamericana estaba muy dividida a la hora de apoyar a alguno de los dos bandos en lucha: EE.UU. contaba con numerosos descendientes de ingleses, pero también de alemanes e italianos, de habitantes de países nórdicos, de irlandeses… Además, a finales de los años 30, todavía quedaba en su sociedad un vivo recuerdo de los horrores sufridos por sus *boys* durante la PGM, y eso que las tropas expedicionarias *yankees* se incorporaron al conflicto en su última fase, a partir de la primavera de 1917.

De hecho, Roosevelt se había presentado a las elecciones presidenciales de 1940 enarbolando un mensaje oficialmente pacifista prometiendo una y otra vez «y no me cansaré de repetirlo, que lucharé siempre por mantener a este país alejado de conflictos bélicos que le son ajenos». En otro discurso insistió en dar su «más solemne garantía de no haber llegado a ningún entendimiento secreto de cualquier forma, directa o indirecta, con ningún gobierno o nación del planeta, para involucrar a Estados Unidos en esta guerra».

Pero Roosevelt mentía, como han demostrado durante los últimos años numerosos documentos oficiales procedentes de diversos países, incluyendo el suyo. Pensaba tener varias y poderosas razones para llevar a su país a la guerra y no era la menor de todas la posibilidad de aupar a EE.UU. no ya como una de las principales superpotencias del mundo posterior al conflicto sino como epicentro indiscutible de un nuevo imperio occidental con el que tanto él como sus predecesores en el cargo llevaban tiempo soñando construir. Un imperio militar, económico, político e incluso cultural que sustituyera al ya decadente dominio británico y que al final consiguió imponer. De hecho, a día de hoy los países europeos formamos parte de él, de alguna manera, a pesar de nuestra ilusión de independencia.

Desde el principio de su tercer mandato en la Casa Blanca y una vez superada la formalidad electoral de 1940, mantuvo hipócritamente la bandera de la paz mientras impulsaba, una tras otra, sucesivas medidas públicas a favor de la guerra que cualquier ciudadano despierto pudo constatar sobre la marcha con sólo leer la prensa. Entre ellas: la instauración del servicio militar obligatorio, las órdenes a la industria para aumentar la producción de armas y municiones, la purga política de políticos favorables a la neutralidad, la congelación de créditos financieros norteamericanos a intereses alemanes, los cambios legales para favorecer la venta de material bélico al Reino Unido gracias a la nueva Ley de Préstamo y Arriendo…

El presidente Franklin Delano Roosevelt se dirige al pueblo norteamericano en una declaración radiada.

Ese mismo año intercambió varias cartas con el *premier* británico Winston Churchill en las que le prometía una ayuda aún más directa y, en 1941, subió poco a poco la tensión, entre otras cosas proclamando a finales de mayo el estado de «emergencia ilimitada», con el cual el presidente se liberaba de la dependencia del Congreso a la hora de plantearse una declaración de guerra formal. Cuando Alemania desató la Operación Barbarroja contra la URSS, el *neutral* Roosevelt evitó el colapso del régimen de Stalin proporcionándole ayuda militar, como hacía con el Reino Unido, pese a las leyes internacionales. También envió tropas a Groenlandia y a Islandia alimentando el miedo de sus conciudadanos a una supuesta invasión alemana desde Europa a través del Atlántico Norte y Canadá que resultaba materialmente irrealizable para el Reich por falta de todo tipo de recursos, tanto militares como logísticos.

¿La invasión alemana llega a EE. UU.?

La intensa propaganda del gabinete Roosevelt desencadenó una psicosis entre la población norteamericana ante la posibilidad de que el país fuera invadido por alemanes y, tras el ataque de Pearl Harbour, por japoneses.

El 2 de marzo de 1942 la popular revista *Life* publicó un artículo surrealista acerca de los posibles ataques del Eje sobre EE.UU., ilustrándolos con unos mapas puramente especulativos. Justo en aquellas fechas, el general Douglas MacArthur estaba sitiado por los japoneses en las Filipinas, lo que azuzó aún más el pánico. El mapa supuestamente más verosímil planteaba una invasión de la costa este que implicaba una victoria previa de la *Kriegsmarine* sobre la flota británica, la toma de Gibraltar, la recuperación de la flota de la Francia de Vichy y el uso de ésta y de la italiana para utilizarlas en el traslado de tropas. Además, algunas unidades navales germanas se unirían a las japonesas para atacar también la costa oeste. Quintacolumnistas originarios de países del Eje o simpatizantes del mismo ayudarían desde el interior del país a las fuerzas invasoras.

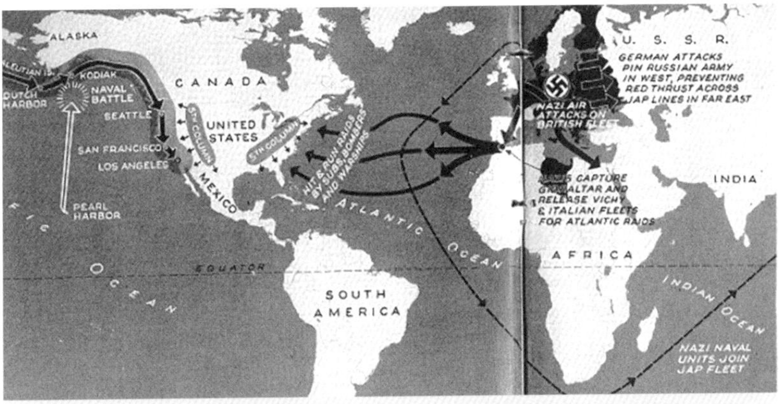

Los mapas de *Life* alteraban las proporciones reales de los continentes, con lo que EE.UU. aparecía notablemente más pequeño de lo que es en realidad y por tanto mucho más vulnerable.

Otro mapa publicado en el artículo implicaba una concentración naval de las flotas alemana y japonesa en las inmediaciones de las Azores, Madeira o Canarias, desde donde se impulsaría una ofensiva dirigida específicamente hacia Norfolk, en Virginia. Un tercer plano contemplaba la invasión primero de Islandia y luego de Groenlandia para penetrar después en Canadá y, a través del río San Lorenzo y la bahía del Hudson, amenazar a Chicago, Detroit, Filadelfia o Nueva York.

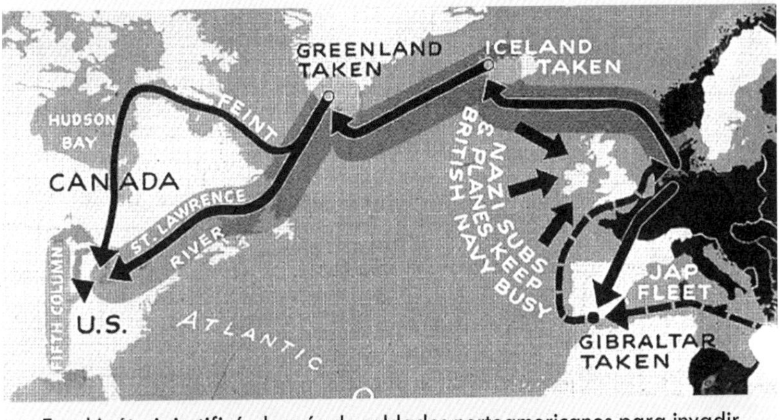

Esta hipótesis justificó el envío de soldados norteamericanos para invadir Groenlandia e Islandia «antes de que lo hagan los alemanes»..., que nunca tuvieron planes para ello.

> La publicación también consideró una ofensiva desde Japón, cruzando el Pacífico, que incluiría un desembarco en Panamá para establecer bases de apoyo desde donde atacar toda la costa oeste de Estados Unidos. Un último mapa mostraba una ofensiva similar a la primera pero, en lugar del Atlántico, las flotas japonesa y alemana se reunirían en el Pacífico con el objetivo de atacar y desembarcar tropas para tomar San Francisco. En este caso, Los Ángeles, Seattle y el canal de Panamá figuraban como meras fintas de distracción. El asalto vendría precedido de la invasión del archipiélago de las Hawaii para establecer bases aéreas de apoyo.

El 27 de octubre de 1941, con motivo del Día de la Armada, Roosevelt ofreció un vibrante discurso insistiendo en que su gobierno hacía lo posible para evitar entrar en la SGM. Como prueba, presentó un incidente en el que dos destructores, el *USS Greer* y el *USS Kearny*, habían sido torpedeados por submarinos alemanes en actos de agresión que dejarían constancia, si finalmente su país se veía implicado en la guerra, de «quién disparó primero». Se le olvidó mencionar el pequeño detalle de que los destructores norteamericanos habían atacado primero a los submarinos. Sólo como último recurso, éstos habían disparado sus torpedos en defensa propia pues la *Kriegsmarine* tenía orden expresa de Berlín para evitar cualquier tipo de encontronazo con navíos de EE.UU. excepto en el caso de que la amenaza tuviera carácter de «destrucción inminente», justo para evitar dar motivos con los que entrar en la guerra.

A continuación, Roosevelt habló de un sorprendente documento que obraba en su poder. Tras recordar las palabras de Hitler en el sentido de que Alemania no tenía intención de expandir su territorio al otro lado del Atlántico, dijo que disponía de «un mapa secreto confeccionado en Alemania por su gobierno y que muestra sus planes para un nuevo orden mundial. Se trata de un mapa de Suramérica y parte de América Central y muestra cómo pretende reorganizarlas Hitler.»

Un sucesor de Roosevelt –el presidente George Bush (padre)– emplearía la misma expresión de *«nuevo orden mundial»* para referirse a la situación internacional, pero aplicándola esta vez a EE.UU., en su discurso sobre el Estado de la Unión del 29 de enero de 1991, justo 50 años después. Las palabras de Bush, en las que mencionaba precisamente el conflicto que analizamos en este libro, fueron las siguientes: «Por primera vez desde la SGM, la comunidad internacional está unida. El liderazgo de las Naciones unidas que, en un tiempo, era un anhelado ideal, está confirmando en este momento la visión de sus fundadores (…) el mundo puede aprovechar esta oportunidad para realizar la promesa hecha mucho tiempo atrás de que habrá un nuevo orden mundial.» Quizá no está de más recordar que la misma idea, aunque transcrita en latín, figura desde hace aún más tiempo en el billete de dólar norteamericano, símbolo de su soberanía y su poder: *Novus ordo seclorum* o *Nuevo orden de los siglos*.

Pero en 1941, el nuevo orden se suponía que lo pensaba aplicar Alemania y, según Roosevelt, el mapa dejaba «claro no sólo el destino que los nazis desean para Suramérica sino también para los Estados Unidos.» Entonces, anunció con contundencia: «nunca dejaré que este plan se lleve a efecto».

Lo cierto es que en el mapa no aparecía Estados Unidos por ninguna parte pero sí se dibujaba una reorganización política en sólo cinco *«Estados vasallos»* bajo el *«dominio alemán»* de los países que EE.UU. seguía considerando, de acuerdo con la doctrina Monroe, su *«patio trasero»* particular y, por tanto, «vasallos» de Washington y de nadie más.

La supuesta reorganización alemana incluía la creación de un nuevo país, *Neuspanien* o Nueva España en el norte, que englobaría los territorios de Colombia, Ecuador, Venezuela y Panamá con su Canal, la gran arteria de comunicación norteamericana entre el Atlántico y el Pacífico. Al lado, estaba la Guyana francesa, el único Estado respetado con las mismas fronteras que tenía en ese momento, pero por su carácter de colonia del Régimen de Vichy. El resto del continente se dividía entre sólo tres países que habían engullido todos los demás: Chile –que había absorbido a Perú y el oeste de Bolivia–, Brasil –que aumentaba su territorio con distintas zonas del altiplano, incluyendo la capital boliviana– y Argentina –que se anexionaba Uruguay, Paraguay y lo que quedaba de Bolivia que no estaba controlada por Chile o Brasil–.

Tras dejar boquiabierta a su audiencia, el presidente norteamericano añadió que poseía «otro documento del gobierno alemán que detalla un plan para abolir todas las religiones existentes: católicos, protestantes, musulmanes, hindúes, budistas y judíos, todos por igual». Según este supuesto informe, en caso de victoria del III Reich, todas las iglesias pasaría a ser propiedad del Estado y de «sus marionetas» y «la cruz y todos los símbolos religiosos serían prohibidos. Los clérigos serían ejecutados…» Naturalmente, a Roosevelt se le olvidó comentar que eso estaba sucediendo ya…, pero en la Unión Soviética donde la revolución de 1917 y la subsiguiente guerra civil rusa había terminado por imponer un régimen comunista que prohibió las religiones, asesinó impunemente a todos los sacerdotes y monjas que pudo, saqueó cuanto tesoro eclesiástico encontró y convirtió las iglesias que no llegó a desmantelar en almacenes o establos.

Es obvio que estas últimas arengas de Roosevelt no podían ser tomadas en serio por muchas razones. Por recordar algunas de ellas: las tropas alemanas contaban con capellanes que organizaron misas de campaña y ofrecieron servicios religiosos hasta el final de la guerra; la hebilla oficial del cinturón militar del soldado alemán llevaba escrita la leyenda *Gott mit uns* (*Dios está con nosotros*) lema nacional prusiano desde 1700; la cruz estaba muy presente en las banderas, pendones y condecoraciones alemanas y el ejemplo más famoso es la distinción de la Cruz de Hierro con sus variantes –la esvástica no deja de ser otra cosa que una cruz gamada–; el mismo Hitler, en fin, se declaró *«guiado por la Providencia»* en diversas entrevistas en las que también aseguró *«confiar en Dios»* para sacar adelante sus planes de gobierno.

La historia del mapa secreto causó sensación. Cuando el discurso del presidente estadounidense llegó a Europa, Berlín respondió de manera oficial denunciando que los documentos eran un «fraude absurdo» y desde Roma, el gobierno italiano sugirió a Roosevelt que hiciera público su mapa antes de 24 horas si no quería que «su reputación quede por los suelos». Al día siguiente del discurso los periodistas que asistieron a una de sus conferencias de prensa le preguntaron por él pidiéndoles que se lo mostrara. Roosevelt no lo hizo y se limitó a decir que procedía de una fuente de *«total confianza»*.

Hubo que esperar muchos años para conocer la verdad sobre el mapa que, sí, existió realmente pues fue encontrado entre los documentos privados de Roosevelt pero no, no era verdadero sino una falsificación, elaborada no por los alemanes ni por los norteamericanos, sino por los servicios de inteligencia británicos.

El mapa secreto del que hablaba Roosevelt.

A principios de los años cuarenta, el Reino Unido presionaba de muchas maneras a Washington para que se implicara definitivamente en su bando y entrara en la SGM con todas las consecuencias. Una de sus estrategias pasaba por crear documentos falsos que justificasen o apoyasen esta decisión. Este plano en concreto –y también el documento igualmente falso en contra de las religiones– fue diseñado en las oficinas de los espías británicos en Canadá por orden de William Stephenson, jefe de las operaciones de inteligencia británicas en Estados Unidos y amigo personal de Winston Churchill.

Según el historiador norteamericano Nick Cull, Stephenson disponía de un equipo muy creativo de agentes con los que, entre otros, colaboraban publicistas, guionistas de cine, el filósofo y padre del positivismo lógico Alfred Ayer e incluso, en un momento dado, el escritor Roald Dahl, autor entre otros textos de *Charlie y la fábrica de chocolate*.

El plan original pasaba por dejar el mapa en algún lugar de Cuba donde pudiera ser encontrado por el FBI pero, dada la urgencia con la que Londres quería que los EE.UU. se incorporaran al conflicto, Stephenson lo puso directamente en manos del contraespionaje norteamericano alegando que había sido interceptado entre otros documentos alemanes. William Donovan, uno de los responsables del espionaje estadounidense, lo remitió a Roosevelt, quien no dudó en utilizarlo en su discurso de la Armada, a pesar de que su gobierno había sido advertido frente a las manipulaciones británicas. Un mes antes de su comparecencia, uno de los más cercanos colaboradores del Secretario de Estado Cordell Hull le había remitido un serio aviso acerca de las actividades británicas de confección de documentos falsos con los que «demostrar» la «conspiración» de Alemania contra Estados Unidos. El aviso subrayaba la necesidad de que Washington «se ponga en guardia contra estas falsas pruebas».

Todavía no está claro si Roosevelt usó el mapa secreto por error, creyendo realmente que ése era el proyecto alemán para el sur de América si ganaba la SGM, o si fue consciente de lo que estaba pasando y se dejó manipular como parte de su campaña para convencer a los ciudadanos norteamericanos de que había que entrar en la guerra.

Guy D'Oyly-Hughes echa de menos su submarino

Nacido en Salt Lake City (Estados Unidos) en 1891, Guy D'Oyly-Hughes fue enviado por sus padres al Reino Unido con sólo nueve años de edad. Ellos sólo querían una buena educación para el chico, pero a éste terminó gustándole tanto la vida al otro lado del Altántico que, con el tiempo, se quedó a vivir como un ciudadano más, casándose con una británica y enrolándose en la Royal Navy.

Durante la PGM fue teniente y segundo de a bordo en el submarino *HMS E11*, un sumergible de la clase E, que firmó una de las hojas de servicios más exitosas durante la Campaña de los Dardanelos en 1915 con unos 80 buques enemigos de distintos tamaños hundidos en sus tres expediciones a la zona. En cierta ocasión, D'Oyly-Hughes tuvo incluso la posibilidad de protagonizar su propia acción de comando al nadar desde el submarino hasta la costa, cargado con unos explosivos con los que saboteó la vía del ferrocarril Constantinopla-Bagdad, lo que le valió una condecoración.

Con estos antecedentes, no era de extrañar que al ser ascendido a capitán se le diera el mando de su propio buque, pero alguien cometió el error de ponerle al frente de un…, portaviones.

En junio de 1939, apenas tres meses antes del estallido de la SGM, D'Oyly-Hughes se convirtió en el capitán del *HMS Glorious* (*Glorioso*), un barco inicialmente diseñado durante la PGM como crucero –el segundo de su clase, la *Courageous* (*Brava*)– que el Almirantazgo decidió reconvertir en portaviones aunque hasta 1930 no estuvo listo como tal. Podía llevar a bordo hasta 48 aviones de combate.

D'Oyly-Hughes había aprendido a volar pero no tenía demasiada confianza en el futuro del portaviones como unidad decisiva en los combates navales. De hecho, mantenía constantes discusiones con los oficiales de los pilotos embarcados en el *Glorious* y no era especialmente partidario de mantener patrullas rutinarias de vigilancia aérea durante la navegación. Consideraba su barco más como un mero transporte de aviones para acciones posteriores en tierra que como un arma en sí misma. Con semejantes ideas, nadie se explicaba muy bien qué hacía rigiendo los destinos de un portaviones, pero la disciplina en la Armada británica siempre ha tenido fama de dura y al principio nadie osó alzar demasiado la voz para protestar.

En la primavera de 1940 fue destinado a Noruega, escenario de los primeros choques directos entre británicos y alemanes durante la SGM. El Reino Unido se había planteado ocupar el país escandinavo con objeto de privar a Alemania del mineral de hierro necesario para su esfuerzo bélico, que se extraía en Suecia y se embarcaba luego en el puerto noruego de Narvik. Los alemanes fueron más rápidos y a primeros de abril de 1940 lanzaron la *Blitzkrieg* en una rápida operación combinada con barcos de guerra de la Kriegsmarine, apoyados por cazas de la Luftwaffe y con despliegue de tropas aerotransportadas e infantería con las que tomaron Dinamarca –para evitar la invasión anglofrancesa y utilizar su territorio como base aérea– y la propia Noruega. Unidades británicas y francesas desembarcaron también en Narvik pero no consiguieron hacerse fuertes y, al comenzar la Batalla de Francia en mayo de 1940, se retiraron del país nórdico. A primeros de junio, Alemania controlaba la región.

Por allí navegaba entonces el *HMS Glorious*, uno de los buques que dio cobertura aérea a las tropas británicas, francesas y polacas desembarcadas en territorio noruego para luchar contra los alemanes. Trabajó conjuntamente con el también portaviones *HMS Ark Royal* en el desarrollo de misiones de hostigamiento aéreo antes de participar en la evacuación de las mismas tropas desde Narvik, en la llamada Operación Alfabeto.

En su último viaje a la zona, el comandante del ala aérea embarcada en el *HMS Glorious*, J. B. Heath, se quedó preso en la base naval de Scapa Flow a la espera de una corte marcial. Un furioso D'Oyly-Hughes había ordenado que le arrestaran para presentarle ante un consejo de guerra por atreverse a rechazar la ejecución de un ataque contra algunas posiciones alemanas en tierra. Heath adujo que no arriesgaría ni sus pilotos ni sus aviones en una misión suicida teniendo en cuenta que los blancos no habían sido bien definidos y que sus aparatos, adecuados para el combate en el mar, no estaban preparados para lo que se les exigía.

El 8 de junio, ya de regreso al Reino Unido de su última misión, D'Oyly-Hughes solicitó permiso al vicealmirante Lionel Victor Wells, a bordo del *HMS Ark Royal*, para separar sus grupos de combate y fijar su propio rumbo con objeto de alcanzar con mayor rapidez la base de Scapa Flow, oficialmente porque iba corto de combustible. Con el visto bueno de Wells, escogió un camino más directo, entre las islas Feroe y las Shetland. Así, el *HMS Glorious*, acompañado sólo por sus dos destructores de escolta –el *HMS Ardent* y el *HMS Acasta*– enfiló su destino hacia una desagradable sorpresa…

Y es que en aquellas aguas también se encontraban dos acorazados alemanes: el *Scharnhorst*, al mando del capitán K. C. Hoffmann, y el *Gneisenau*, comandado por el capitán H. Netzband. Los barcos alemanes divisaron a los británicos y se plantearon de inmediato el ataque. Cuando la escuadra anglosajona se percató de que buques desconocidos les seguían, cundió la alarma, sobre todo al comprobar que no podían identificarlos: ninguno de los radares de los británicos estaba operativo y tampoco era posible enviar un avión de reconoci-

El *Gneisenau* fue uno de los acorazados alemanes responsable del hundimiento del portaviones británico *HMS Glorious*.

miento ya que el viento norte hacía imposible el despegue del portaviones a no ser que se cambiara el rumbo, lo que D'Oyly-Hughes no tenía intención de hacer. Además, sus aviones estaban todos a buen resguardo en el hangar bajo cubierta ya que, desoyendo una vez más las sugerencias de los pilotos, el capitán se había negado a practicar patrullas aéreas de reconocimiento rutinario, aun a sabiendas de que en la zona podía haber navíos enemigos.

Cada vez más descentrado, D'Oyly-Hughes cometió otra equivocación. En lugar de mantener compacta su pequeña escuadra, ordenó al *HMS Ardent* que se acercara a identificar las naves extrañas mientras el *HMS Glorious* mantenía su rumbo. El *HMS Acasta* se mantuvo a estribor como única protección, emitiendo humo provocado artificialmente para tratar de cubrir la retirada del portaviones. Es más que probable que el capitán ya hubiera adivinado lo que iba a ocurrir y prefirió sacrificar el *HMS Ardent* con la esperanza de que ello le permitiera poner la suficiente distancia entre medias para escapar a la persecución.

También venció finalmente sus reticencias personales respecto a la utilidad de los aviones que llevaba a bordo y ordenó a sus pilotos que se prepararan para despegar y atacar a los acorazados enemigos. Pero apenas contaba con cinco Fairey *Swordfish* (*Pez espada*) disponibles, de los cuales sólo dos llegaron a estar listos para despegar, cargados con sus bombas y torpedos. El *HMS Glorious* empezó a virar hacia babor, para eludir el viento y permitir su despegue, cuando fue alcanzado por el primer obús alemán, disparado desde el *Scharnhorst*, que quedó registrado como uno de los de mayor distancia en toda la historia naval: más de 24 kilómetros. El cañonazo acertó en el hangar superior del portaviones y, además de inutilizar su principal ventaja como navío, desató un incendio que terminó de alterar los nervios de D'Oyly-Hughes.

A partir de ahí, el cañoneo germano terminó mandando a pique al portaviones y los dos destructores en apenas una hora. En el bando alemán, el *Scharnhorst* sufrió daños y murieron 48 miembros de su tripulación por el intercambio de disparos pero, en el bando británico, perecieron unos 1.500 hombres, incluyendo el antiguo capitán de submarinos que paradójicamente, terminó su carrera hundiéndose en el fondo del mar.

De la escuadra británica, sobrevivieron menos de 40 marinos que aguantaron como pudieron en las heladas aguas del Atlántico norte. No fueron rescatados por buques de ninguno de los dos bandos en liza, sino por el *Borgund*, un vapor mercante noruego que pasaba cerca de allí.

Cuando la Royal Navy quiso reaccionar, fue demasiado tarde. Envió un grupo de barcos y aviones a atacar a los acorazados alemanes pero sin éxito. Poco después, un manto de silencio cayó sobre este caso y durante muchos años las circunstancias que rodearon el único hundimiento de un portaviones por buques de superficie a lo largo de la historia naval se mantuvieron en secreto.

Hoy conocemos algunos detalles que ayudan a entender lo que pasó. Uno de los oficiales de los destructores de escolta del *HMS Ark Royal* llegó a ver la solicitud formal para separar ambos grupos de combate y descubrió que la verdadera razón por la que el capitán D'Oyly-Hughes deseaba navegar por su cuenta y llegar cuanto antes a Scapa Flow era para proceder al consejo de guerra contra Heath. Su impaciencia y su encono personal contra el comandante de sus pilotos, así como su ilimitada e imprudente confianza en sí mismo –apenas llevaba diez meses al mando del portaviones y pensaba que ya tenía poco que aprender, habida cuenta su experiencia como oficial de submarinos– fueron graves equivocaciones que le condujeron a un trágico final.

De hecho, la propia Armada británica había alimentado esta confianza, ya que se sentía tan segura de su poderío naval que durante los meses anteriores había autorizado casi una docena de veces este

La última fotografía del *HMS Glorious*, tomada desde la cubierta del *HMS Ark Royal* poco antes de que ambos barcos y sus respectivos grupos de combate se separaran.

tipo de viajes rápidos –un portaviones escoltado apenas por un par de destructores–, en lugar de obligar a sus buques a mantenerse en convoyes más lentos pero numerosos y por tanto con mayor poderío defensivo, frente al riesgo de aparición de navíos enemigos.

Varios buques actuaron con semejante imprudencia durante los meses anteriores, entre ellos el propio *HMS Glorious*, sin haber enfrentado ningún peligro..., hasta que se produjo este incidente. El vicealmirante Wells fue responsabilizado de lo ocurrido y destinado por ello como comandante del acorazado *HMS Iron Duke*, anclado durante toda la guerra en Scapa Flow, donde era utilizado como una plataforma flotante de artillería antiaérea.

Posteriormente, se supo que el crucero pesado *HMS Devonshire* se encontraba en las proximidades de la batalla entre los acorazados alemanes y el *HMS Glorius* y sus escoltas y que había recibido su señal de auxilio, por lo que podría haber acudido en su ayuda... No lo hizo porque tenía órdenes estrictas de Winston Churchill de no entrar en combate ni detenerse, ni siquiera para rescatar náufragos. En ese momento llevaba a bordo a la familia real noruega, que escapaba de su país con destino a Londres.

Ángelo Iachino y el error de inteligencia que costó una flota

Hijo de un profesor de instituto, Ángelo Iachino no podía imaginar cuando ingresó con sólo 15 años en la Academia Naval de Livorno que algún día habría de comandar la Regia Marina o Armada italiana durante la SGM. Adquirió experiencia en distintos conflictos bélicos, como la guerra colonial en Libia y la PGM, además de participar en misiones en el extranjero, como el viaje de propaganda del crucero *Armando Diaz* (así llamado en homenaje a este general italiano cuya familia paterna era de origen español).

Al comenzar la SGM, recibió el mando de la II Escuadra, integrada por cruceros pesados y con la que participó a finales de noviembre de 1940 en la batalla de Cabo Teulada, donde británicos e italianos midieron fuerzas durante menos de una hora sin un vencedor claro. Cuando los ingleses quedaron en desventaja en un momento del enfrentamiento, Inigo Campioni, el indeciso almirante italiano que dirigía las operaciones y toda la flota de su país, no osó arriesgarse y, dándose por satisfecho, ordenó la retirada.

Judgement Operation

Una de las mayores derrotas italianas se había producido poco antes de la batalla de Cabo Teulada cuando dos portaviones británicos, el *HMS Eagle* y el *HMS Illustrious*, lanzaron el primer ataque completamente aéreo desde buques de este tipo en toda la historia naval. Andrew Cunningham, comandante de la Flota del Mediterráneo de la Royal Navy, diseñó junto a sus oficiales esta ofensiva bautizada como *Judgement Operation* (*Operación Juicio*) contra la poderosa flota italiana amarrada a puerto en Tarento: ocho destructores, siete cruceros pesados, seis acorazados y dos cruceros ligeros.

El ataque lo protagonizaron los aviones torpederos Fairey *Swordfish* (*Pez espada*), biplanos de aspecto anticuado pero que consiguieron notables éxitos a lo largo de la SGM –por ejemplo, desmantelaron los timones del *Bismarck* y dejaron así el famoso acorazado pesado alemán sin capacidad de maniobra y a merced de la Royal Navy– y están considerados los torpederos más eficaces entre todos los modelos puestos en servicio por los Aliados. Las escuadrillas que operaban desde Malta hundieron, entre 1939 y 1943, más de un millón y medio de toneladas de buques alemanes e italianos.

En Tarento, los *Swordfish* hundieron el acorazado *Littorio* –se encontraba en aguas poco profundas, así que pudo ser reflotado más tarde–, inutilizaron el *Conte di Cavour* y el *Caio Duilio* y también un crucero pesado y un destructor, entre otros daños. Este ataque tuvo un efecto añadido al acobardar a los mandos de la Armada italiana ante futuros enfrentamientos, como demostraron poco después las dudas de Campioni.

Un Fairey *Swordfish* armado con un torpedo.

El éxito de los torpederos hizo que muchos marinos británicos rebautizaran aquélla como *«la noche de los peces espada»*. Tras observar las imágenes de los aviones de reconocimiento que mostraban la destrucción enemiga, el flemático Cunningham se limitó a un breve mensaje en código: *«Maniobra bien ejecutada»*.

El mejorable liderazgo de Campioni le costó el puesto y para sustituirle fue elegido Iachino. La Regia Marina no gozaba a estas alturas de mucho prestigio. Al comienzo de la SGM estaba considerada como la quinta flota más potente del mundo y además contaba con la posición estratégica de Italia en medio del *Mare Nostrum* que en teoría le concedía una formidable ventaja en la lucha contra la Royal Navy, pero ésta demostró mayor capacidad ofensiva y de maniobrabilidad y, sobre todo, una muy superior combatividad.

El almirante Cunningham no tuvo inconveniente en resumir el desdén de los mandos británicos sobre la Regia Marina cuando, al recordar la situación en marzo de 1941, escribía en su autobiografía que «yo mismo me inclinaba a pensar que los italianos no intentarían nada y aposté diez chelines con el comandante Power, oficial de Estado Mayor de Operaciones, a que no veríamos en acción al enemigo.»

Sin embargo, esta vez el almirante se equivocó pues los italianos comenzaron a desarrollar más actividad, aunque por exigencias alemanas más que por propia iniciativa. Berlín requirió a Roma que movilizara de verdad a su Marina de Guerra si pretendía ganar la batalla del norte de África. El Reich acababa de mandar allí al general Erwin Rommel al mando de su famosa fuerza expedicionaria *Deutsche Afrika Korps*, con el encargo de arreglar el desaguisado militar italiano pero, para mantener plenamente operativas a sus tropas, necesitaba un control efectivo del Mediterráneo que permitiera abastecerlas. Así que a partir de finales del mismo mes de marzo los buques italianos comenzaron a realizar reconocimientos en torno a Grecia y Creta además de lanzar incursiones contra el puerto de Alejandría. La idea era atacar los convoyes británicos que transportaban tropas, armas, municiones, medicinas y provisiones para las operaciones en el Mediterráneo occidental, con el objetivo de estrangularlas.

Iachino pensó que sería una buena manera de desquitarse de los últimos reveses ante los británicos y, desde su acorazado *Vittorio Veneto*, se puso al frente de una flota importante que incluía ocho cruceros y cerca de una veintena de destructores entre otros buques. Además, había recibido informes de inteligencia según los cuales la Royal Navy contaba en aquel momento con un solo acorazado operativo en el Mediterráneo. Era la ocasión ideal para la venganza…

El problema era que esos informes estaban equivocados.

En realidad, Cunningham contaba con tres acorazados y un portaviones, el *HMS Formidable*, además de dos flotillas de destructores y otros buques, y una segunda fuerza al mando de Sir Henry Daniel Pridham-Wippell, lo que equilibraba la ventaja de la velocidad y el mayor poder de fuego de la Regia Marina. Por si fuera poco, los británicos conocían perfectamente los movimientos de los italianos gracias a la labor de Ultra: el sistema secreto de descodificación de mensajes del Eje desarrollado por expertos analistas en Bletchley Park, Inglaterra.

Finalmente las dos flotas entraron en combate junto al Cabo Matapán, al suroeste de la península griega del Peloponeso, con la ventaja británica de los aviones embarcados mientras que los italianos no contaron ni con su propia fuerza aérea ni con la alemana. Así que el guión se repitió una vez más: Iachino terminó ordenando retirada mientras Cunningham mandaba perseguir a la flota enemiga.

El almirante Ángelo Iachino, en posición de saludo.

Varios barcos italianos resultaron hundidos, otros recibieron daños severos y el propio *Vittorio Veneto* llegó torpedeado y a duras penas al puerto de Tarento. Al final, aparte de los navíos hundidos, Italia sufrió más de 2.300 bajas mortales, mientras que Inglaterra lamentó la pérdida de un solo avión torpedero derribado y la muerte de sus 3 tripulantes. El desastre fue de tal calibre para la Regia Marina que, a partir de ese momento, la flota de guerra italiana desapareció del Mediterráneo Oriental, permitiendo que los británicos operaran a placer en la zona hasta el final de la SGM.

Pese a todo, Iachino pudo disfrutar de alguna victoria sobre la Royal Navy en 1942 en las dos batallas de Sirte, en el norte de Libia, pero en abril de 1943, poco antes de que Italia cambiara de bando, fue reemplazado en su cargo por Carlo Bergamini.

El general Clark y el bombardero del Anticristo

Hijo de un coronel de infantería, Mark Wayne Clark fue un chaval alto y bien plantado pero enfermizo y no especialmente listo, nacido en las instalaciones militares de Madison Barracks, Nueva York, en 1896. Pese al carácter mediocre y la falta de iniciativa con el que le recuerdan sus biógrafos durante su juventud, tenía claro que se dedicaría a la carrera militar, pues su familia estaba muy relacionada con el ejército de los Estados Unidos. Su tía Zettie, por ejemplo, fue la madre del general George C. Marshall, quien no sólo llegaría a ser jefe del Estado Mayor del Ejército durante la SGM, sino secretario de Estado de los EEUU e incluso Premio Nobel de la Paz, gracias al desarrollo de su conocido como Plan Marshall para salvar del hambre a los países europeos devastados tras el conflicto.

Fue gracias a su tía como logró ingresar en la Academia Militar de West Point, donde sufrió para graduarse en 1917: terminó en el lugar número 110 de los 139 integrantes de su promoción. Incluso después de conseguir su destino como teniente pasó varios períodos enfermo y hasta hospitalizado. Aún así, pudo combatir en Francia durante la PGM como parte del cuerpo expedicionario norteamericano en Europa y fue herido por una esquirla..., lo que le llevó de nuevo al hospital.

Al regresar a su país ocupó sucesivos puestos administrativos, donde tampoco brilló demasiado. Sin embargo, se había hecho muy amigo de David Dwight Eisenhower lo que, unido a sus contactos familiares, le garantizó un progreso rápido en el escalafón. En 1942 acompañaba a Eisenhower para planificar la Operación Torch (*Antorcha*) de desembarco e invasión de las tropas angloamericanas en el norte de África. Allí también asumió la tarea de presionar a Jean François Darlan, uno de los dirigentes del régimen de Vichy, con objeto de neutralizar la flota francesa estacionada en la región.

El 13 de octubre de 1942, fue ascendido a general de tres estrellas: el más joven, en las fuerzas armadas de Estados Unidos. Dos meses después, se le concedió el mando del V Ejército y poco después estaba con el resto del ejército norteamericano en Italia, previa conquista de Sicilia.

Tras desembarcar en Salerno, tenía la oportunidad de demostrar toda su capacidad como líder militar, pero lo cierto es que demostró bien poco. De hecho, quedó atascado en la zona durante una semana y no pudo salir de ella hasta recibir el apoyo del VIII ejército británico dirigido por Bernard Montgomery. Desorganización y lentitud en los avances, innecesaria inactividad de algunas unidades, descoordinación en las ofensivas, mala interpretación de la información disponible para el despliegue…, son algunos de los errores y reproches que le han planteado sucesivos analistas al general norteamericano, lo que, sumado a la eficiente defensa alemana en la Línea Gustav, detuvieron por un tiempo excesivo el progreso aliado hacia el norte de Italia.

El general Clark se vio frenado por los alemanes en su avance por Italia.

La Línea Gustav

Von Vietinghoff.

La Línea Gustav fue construida por la Organización Todt –fundada por el ingeniero Fritz Todt para levantar obras de ingeniería e infraestructuras de orden civil o militar– con intención de detener el avance de las tropas aliadas desembarcadas en el sur de Italia que marchaban hacia Roma. Teniendo en cuenta el escaso resultado que dieron otras fortificaciones similares durante la SGM, se podría decir que la Gustav fue la más exitosa de las empleadas durante el conflicto.

Sus defensas se extendían desde la desembocadura del río Garellano al mar Tirreno cerca del puerto de Gaeta hasta la del Sangro en el Adriático. Los alemanes aprovecharon grutas, barrancos y riscos de los montes Apeninos, la cordillera central italiana, para sembrarlos con búnkeres de cemento, nidos de ametralladoras, torretas de tanques enterradas, campos de minas, alambradas de espino y todo tipo de trincheras.

Las tropas germanas en Italia estaban bajo el mando del mariscal Albert Kesselring, mas la Línea Gustav dependía del general Heinrich von Vietinghoff, del X Ejército. Veterano de la PGM y con una hoja de servicios que incluía exitosas operaciones en Polonia, Grecia y Yugoslavia, se encargó de retrasar el avance aliado en Italia a través de sucesivas líneas fortificadas. Su valor e inteligencia le permitieron «clavar» a los Aliados durante casi medio año, lo que le hizo acreedor a una de las más importantes condecoraciones del Reich: la Cruz de Hierro de Caballero con Hojas de Roble.

El plan aliado era forzar la Línea Gustav por Montecassino al mismo tiempo que se organizaba un desembarco al norte de las defensas, en Anzio, cerca de Roma. Los avances fueron más lentos y sangrientos de lo previsto, debido a la obstinada resistencia germana.

El punto más llamativo de la Línea Gustav era la abadía de Montecassino, fundada por San Benito sobre una colina rocosa a más de 500 metros de altura donde antiguamente había existido un templo a Apolo. El santo nunca abandonó el monasterio y escribió allí su conocida regla monacal que inspiraría entre otras órdenes a la de los templarios. Convertido en un polo de atracción espiritual, entre los alumnos que estudiaron tras sus muros estuvo santo Tomás de Aquino. Además de su significado simbólico desde el punto de vista espiritual, la abadía es conocida por su turbulenta historia derivada de su ubicación estratégica, que le convierte en un lugar de observación privilegiado para los valles de entrada a la Italia central y del sur. Por ello fue blanco de sucesivos saqueos, destrucciones y reconstrucciones a lo largo de la historia por parte de lombardos, sarracenos, soldados napoleónicos y otros. Mas el apocalipsis definitivo para la abadía llegaría de la mano de los bombarderos angloamericanos.

El Vaticano había llegado a un acuerdo con alemanes y aliados para evitar el uso del monasterio como objetivo militar. Ni unos ni otros podrían utilizarlo para defenderse en él o para atacarlo. De hecho, el pacto fijaba que ningún bando podía acercarse a menos de 350 metros de los edificios religiosos. Por esa razón, cuando los alemanes fortificaron la zona, evitaron buscar refugio en la abadía que, de todas formas, constituía un blanco fácil para la artillería y la aviación enemigas, pues no se fiaban de que los angloamericanos fueran a respetar el lugar, como no habían respetado otros emplazamientos europeos que albergaban importantes monumentos o joyas artísticas y habían sido bombardeados sin escrúpulos. Por lo mismo, ofrecieron a los monjes evacuarles del lugar junto con las obras de arte que atesoraba el monasterio: obras de Da Vinci, Giordini, Brueghel, Tiziano o Rafael, junto con unos 1.500 códices manuscritos de enorme valor.

Dos oficiales de la División Hermann Göring de paracaidistas, el capitán Maximilian Becker y el teniente Julius Schlegel, se encargaron de trasladar aquella riqueza artística al Vaticano antes de que comenzara el ataque contra la Línea Gustav. Sólo un puñado de monjes, entre ellos el abad Gregorio Diamare, permanecieron en el recinto religioso para conservarlo, mientras los soldados germanos se atrincheraban en otros puntos del monte.

Al comienzo de la batalla de Montecassino, la desigualdad de fuerzas no hacía presagiar que los alemanes fueran capaces de contener durante tanto tiempo a los Aliados, pero los errores de Clark y otros mandos angloamericanos alargaron la batalla. Los defensores contaban con unos 400 cañones y 30.000 soldados, la inmensa mayoría alemanes, aunque con el apoyo de 4.300 aliados eslovacos y un puñado de milicianos fascistas italianos. Frente a ellos, los Aliados sumaban 1.600 cañones, 2.000 tanques, 3.000 aviones y 100.000 hombres: norteamericanos y británicos fundamentalmente, pero también franceses, marroquíes, argelinos, neozelandeses, nepalíes, indios, polacos, canadienses... Suele decirse que que ésta es una de las batallas que verdaderamente hacen honor al nombre de la SGM ya que en ella participaron militares de 26 nacionalidades de distintos continentes.

Los enfrentamientos comenzaron el 4 de enero de 1944, pasaron por varias fases –los expertos distinguen hasta cuatro batallas consecutivas de Montecassino– y los Aliados no llevaron precisamente las de ganar hasta el final. El primer gran choque entre alemanes y norteamericanos terminó con la destrucción de la 36 División Texas, en

La abadía de Montecassino, fundada por San Benito, sobre una colina rocosa a más de 500 metros de altura.

lo que los portavoces del ejército de EE.UU. calificaron como «un día peor que el de Pearl Harbour». Los veteranos que lograron sobrevivir y fueron repatriados entablaron juicio contra el general Clark acusándole de incompetencia militar. No creían que se hubiera limitado a cometer errores sino que, simplemente, no era apto para el mando en una situación tan compleja. El general sería declarado inocente aunque las graves pérdidas sufridas llevaron al Estado Mayor a intervenir desde Washington ordenando el relevo de lo que quedaba de la 34 División de Infantería norteamericana –cuyas bajas ascendían al 90%– y su retirada del frente, para ser sustituida por la 4 División India.

La sólida posición de los defensores y los reiterados fracasos en el asalto a la Línea Gustav desquiciaron a Clark, que fue relevado del mando ante su incapacidad para traspasarla. En su lugar, asumió el mando el general Bernard Cyril Freyberg, de origen británico pero nacionalidad neozelandesa. Freyberg era un hombre más decidido que su predecesor y, además, tenía cuentas pendientes con los paracaidistas alemanes, ya que había vivido la derrota en primera persona de los Aliados ante estas unidades durante la batalla de Creta. Por ello, decidió saltarse todas las normas con tal de conseguir la victoria y ordenó violar el acuerdo con el Vaticano bombardeando el monasterio, tal y como habían temido los alemanes. Todos los generales del mando aliado dieron el visto bueno a la propuesta de Freyberg, empezando por el propio Clark.

El 15 de febrero de 1944, 229 aviones –142 B-17, 47 B-25 Mitchell y 40 B-26 Marauder– partieron hacia Montecassino dispuestos a machacar la zona. Poco antes de las 09:30 de la mañana, el puñado de monjes benedictinos que oraba en la abadía, cantaba el *Ave Regina Caelorum* (*Salve, reina de los cielos*) en honor a la Virgen María. Se trata de un rezo de origen medieval que suele usarse entre la fiesta de la presentación de Jesús en el Templo, el 2 de febrero, y el miércoles de la Semana Santa. Su texto, traducido al español, dice: Salve, Reina de los cielos y señora de los Ángeles./ Salve raíz, salve puerta que dio paso a nuestra Luz./ Alégrate, virgen gloriosa, entre todas la más bella./Salve, agraciada doncella, ruega a Cristo por nosotros.

Fue entonces cuando escucharon los motores de los aviones y cuando el primero de los bombarderos dejó caer su carga mortal directamente sobre la abadía. Era una «fortaleza volante» B-17, uno de los más terribles monstruos de la SGM y siniestro protagonista de los bombardeos en alfombra que convirtieron el centro de Europa literalmente en una escombrera. Con sus más de 22,5 metros de largo y sus más de 31,5 de envergadura, este tetramotor angloamericano con una tripulación de 10 personas –más de la mitad, artilleros– podía llegar a arrojar cerca de 8.000 kilogramos de bombas.

Este bombardero estaba rotulado con el número 666. Sin duda, el Anticristo sabía qué arma emplear para desafiar a la *Reina de los cielos y señora de los Ángeles*…, o así fue comentado el suceso más tarde en la región.

Los monjes corrieron en busca de refugio al escuchar la primera explosión y, tras la primera oleada de bombarderos, aguantaron las cuatro siguientes, cada una más devastadora que la anterior. Durante aproximadamente cuatro horas los Aliados castigaron sin piedad la cima de Montecassino dejando caer unas 600 toneladas de bombas. Cuando finalmente se retiraron entre las maldiciones de los soldados alemanes, sólo quedaban en pie varias fachadas del exterior de la abadía.

El general de la división paracaidista Richard Heidrich decidió ocupar aquel montón de escombros cuando se percató de que los norteamericanos habían conseguido justo lo contrario de lo que buscaban. En lugar de destruir la moral y la defensa alemanas, habían preparado para sus enemigos un fortín mucho más sólido. Y es que resulta bastante más difícil asaltar y controlar un montón de ruinas que un edificio en pie, pues cada pila de cascotes ofrece un escondite perfecto para francotiradores, ametralladoras o morteros. Además, las criptas habían demostrado ser un buen refugio para futuro bombardeos. Y, si quedaba algún posible escrúpulo en usar tierra sagrada como zona de combate, los Aliados también lo habían pulverizado al romper el pacto con el Vaticano para proteger la abadía: si ellos no lo habían respetado, los alemanes tampoco seguirían haciéndolo.

Tras una última misa organizada por Diamare, los monjes se llevaron consigo las reliquias que conservaban de los santos Benito, Desiderio y Apolinar y marcharon a Roma junto a los refugiados de la cercana localidad de Cassino que aún no habían huido de los terrores de la guerra. Al llegar a la capital italiana, el abad fue obligado a contar a través de la radio el ataque de los Aliados y la destrucción de la abadía, hecho que la propaganda alemana aprovechó para impulsar las críticas de católicos de todo el mundo contra el proceder de los angloamericanos. El propio papa Pío XII condenó públicamente el hecho, indignado por aquella destrucción innecesaria.

Al día siguiente del bombardeo, Freyberg lanzó su Cuerpo Neozelandés y la División India al asalto de las ruinas, pero ambos fracasaron igual que lo habían hecho los norteamericanos ante el vigor de la defensa germana. El mismo presidente Roosevelt autorizó entonces a petición de los desesperados mandos aliados un nuevo bombardeo indiscriminado contra los restos de la abadía y de la ciudad, sin importar las quejas del Vaticano, de Italia –que se había rendido el año anterior para pasarse a las filas de los Aliados– y de todos los católicos del planeta.

El 15 de marzo de 1944 los aviones aliados dejaron caer, durante tres horas y media, hasta 1.000 toneladas de bombas y 450.000 proyectiles más mientras 900 cañones de la artillería angloamericana colaboraban con entusiasmo en el objetivo de arrasarlo todo. Pese a que el general Clark ya no estaba al mando, se cometieron graves equivocaciones en este ataque, con abundantes casos de fuego amigo que destruyeron, por ejemplo, el puesto de mando del VIII Ejército Británico y con un ataque por error a la localidad vecina de Venafro, donde los angloamericanos mataron a 140 civiles italianos inocentes…

Pero después del bombardeo, los alemanes aún resistían en sus posiciones.

Allí aguantarían todavía dos meses más. Para entonces, los germanos contaban apenas con 4 divisiones mientras que para la cuarta y definitiva ofensiva los Aliados emplearon nada menos que 13, incluyendo las de los marroquíes y argelinos que militaban en el Cuerpo Expedicionario Francés libre y que se hicieron tristemente célebres en la región, donde violaron a todas las mujeres que encontraron y saquearon todas sus propiedades en las localidades cercanas de Ciociaria, Ausonia y Esperina. Se estima que al menos fueron medio millar las italianas vejadas, incluyendo niñas y ancianas, que

Montecassino después de los bombardeos angloamericanos:
un inmenso campo de ruinas

además quedaron en buena parte contagiadas por enfermedades de transmisión sexual. Las autoridades locales denunciaron lo ocurrido pero no hubo sanciones para la mayoría de los criminales. Los Aliados apreciaban su combatividad, pese a que tenían la costumbre de ejecutar bestialmente a los alemanes e italianos que se rendían. Tras asesinarlos a sangre fría, les mutilaban y luego exhibían como trofeos sus lenguas, manos, orejas o cualquier otra parte de su cuerpo que hubieran decidido desmembrar.

El 16 de mayo, un centenar de alemanes defendía las últimas posiciones en la abadía, frenando el último gran asalto aliado. Entonces, recibieron noticias de que los norteamericanos que participaban en la batalla de Anzio habían logrado tras duros y largos combates penetrar hacia el interior del país y avanzaban hacia Roma. Así pues, los últimos defensores recibieron orden urgente de abandonar los restos del monasterio y evacuar hacia el norte, hacia la nueva fortificación defensiva conocida como Línea Gótica, para no quedar embolsados.

Aprovechando que los paracaidistas estaban distraídos organizando un abandono ordenado del lugar, las divisiones polacas III y V lograron escalar con rapidez los metros que les separaban de la cima. Allí se produjeron los últimos tiroteos y, en la noche del 17 al 18, los paracaidistas se volatilizaron aprovechando la oscuridad. Al amanecer, los Aliados certificaron una victoria pírrica: habían conquistado un montón de escombros con un elevado precio en hombres y material. Su único trofeo era un puñado de alemanes que, debido a sus heridas, no habían podido ser evacuados por sus compañeros.

La acumulación de errores de los Aliados convirtió la de Montecassino en una de las batallas más sangrientas para sus ejércitos. El número de bajas se calcula en unas 55.000, por unos 20.000 germanos. En cuanto al abad Diamare, regresó con el alma encogida a su monasterio para empezar las obras de reconstrucción, que no llegaría a ver completa, pues falleció en 1945.

¿Y qué pasó con el general Clark?

Tras entrar en Roma con el V Ejército, Clark fue nombrado comandante del 15 Grupo de Ejércitos y en marzo de 1945 ascendió al puesto de general de cuatro estrellas, el más joven de EE.UU., gracias de nuevo a sus contactos políticos más que a sus aportaciones en el campo de batalla. Estuvo presente en la última ofensiva que terminó con la rendición alemana y tras la SGM regresó a su país. Allí vio cómo se esfumaba su sueño de convertirse en el nuevo jefe de Estado Mayor General del Ejército.

En lugar de eso, en abril de 1952 fue nombrado jefe del Comando del Lejano Este y el Comando Supremo de las Naciones en la guerra de Corea, donde su papel tampoco fue deslumbrante. Su principal aportación en aquel conflicto consistió en emular al general Freyberg en Montecassino, ordenando el bombardeo sin piedad de Pyongyang, de las plantas hidroeléctricas que daban energía a todo el país y de otros blancos que hasta el momento habían sido respetados. Británicos y franceses protestaron, pero el norteamericano estaba acostumbrado a no hacer caso ni a su propia conciencia. En 1953 firmó por parte de EE.UU. el documento de alto el fuego con el que entró en vigor la tregua que, en el momento de escribir este libro, aún

El general Mark Wayne Clark.

sigue en vigor pues la guerra de Corea todavía no ha sido resuelta con carácter definitivo.

Luego se retiró y escribió sus memorias. Allí reconoció, muchos años después, que «el bombardeo de la abadía de Montecassino fue un gran error, lo repito (...) no sólo fue un innecesario error psicológico desde el punto de vista de la propaganda, sino que resultó también un error militar táctico de primera categoría. Sólo nos complicó aún más nuestra labor, la hizo más costosa en hombres, material y tiempo».

No se ha hecho público el nombre de los tripulantes del bombardero con matrícula 666 que comenzó la destrucción del monasterio.

El ridículo error de San Marino

A lo largo de su extensa y extravagante historia, la Serenísima República de San Marino sólo ha sido invadida, según los cronicones, en tres ocasiones y siempre por un corto espacio de tiempo. La primera fue en 1503, cuando las huestes del ambicioso César Borgia tomaron el control durante unos meses, hasta poco antes de su muerte. La segunda, en 1739, por las tropas del cardenal Alberoni, que se retiraron ante las protestas populares y las quejas al Papa Clemente XII. La tercera fue, en realidad, una invasión triple, y sucedió en 1944, en la SGM.

San Marino se había declarado neutral durante el conflicto, igual que en tantas guerras anteriores disputadas en territorio italiano. Eso no quiere decir que la población no mostrara sus simpatías hacia un bando o hacia otro, si bien como sucedió en casi toda Italia los apoyos mayoritarios oscilaron en función del resultado de las armas: en favor de Alemania, que parecía la vencedora, al comienzo de la guerra y a favor de los Aliados, cuando quedó claro que terminarían ganando, al final de la misma. Estos vaivenes de opinión generaron uno de los errores más ridículos de la SGM.

San Marino, rodeado de Italia por todas partes.

San Marino es uno de los Estados más pequeños del mundo y se encuentra a 10 kilómetros del Adriático, completamente rodeado por tierra italiana. Junto con El Vaticano, constituye el único país europeo «encastrado» en otro que, además, es el mismo en ambos casos. Su denominación se debe a su fundador: Marinus el Dálmata o el Constructor, más tarde elevado a los altares con el nombre de San Marino diácono. Marinus encabezaba una pequeña comunidad cristiana que fue a dar con este lugar del noreste de Italia a principios del siglo IV huyendo de las persecuciones ordenadas por el emperador romano Diocleciano.

A finales del siglo IX y principios del X, se formó en la zona una comunidad monástica que terminó constituyéndose en comuna autorregulada y con ordenamientos republicanos propios. Lo pequeño de su población y lo difícil de su orografía le permitían mantenerse relativamente independiente. La habilidad de sus dirigentes y la política de alianzas con distintas fuerzas lograron el milagro de consolidar este microestado, reconocido tanto por la Francia de Napoleón como por las potencias que participaron en el Congreso de Viena de 1815.

La reunificación italiana durante el siglo XIX pudo haber supuesto su final como república, pero de nuevo los políticos sanmarinenses consiguieron evitar la absorción y firmaron un tratado en 1862 que les permitió mantener su independencia. Este documento fue actualizado en 1939 y en 1971. La Serenísima República de San Marino no se convertiría en miembro formal de la ONU hasta 1992 y, aunque no pertenece oficialmente a la Unión Europea, adoptó el euro como moneda nacional en 2002.

El nombre oficial de la asamblea parlamentaria de San Marino –originalmente, el Arengo, en el cual participaban todos los cabezas de familia– es el de *Consiglio Grande e Generale* (*Consejo Grande y General*) y para obtener hoy día uno de los 60 escaños que lo componen es necesario presentarse a elecciones cada cinco años. Es un sistema parecido al de cualquier otra democracia europea, pero en este caso tiene una llamativa particularidad: San Marino posee dos jefes de Estado y su cargo es breve y rotatorio.

En el siglo XIII se creó el puesto de los dos, así llamados, Capitanes Regentes. Éstos son elegidos entre los parlamentarios del Consejo, que sólo pueden ocupar este honor durante seis meses: a partir del 1 de abril y del 1 de octubre de cada año. Los especialistas consideran que la relación Consejo/Capitanes es similar a la que en la antigua Roma republicana sostenían el Senado y sus cónsules, con el fin de evitar una acumulación de poder en pocas manos durante mucho tiempo.

Cuando las tropas alemanas se retiraban hacia el norte acosadas por las fuerzas aliadas en 1944, los dos capitanes regentes que estaban al frente de los destinos de su pequeño país contemplaron impotentes la invasión de la Werhmacht en retirada. Sin embargo, se mostraron corteses con sus ocupantes, esperanzados en que proseguirían su retirada a no mucho tardar. Para ayudarles a decidirse, el 26 de junio de ese año la aviación militar británica, cuyos mandos demostraron que no les importaba demasiado la declaración de neutralidad de los sanmarinenses, lanzó hasta 263 bombas sobre el pequeño Estado. Aparte de daños físicos, especialmente en la estructura ferroviaria, el ataque costó la vida de 63 personas, civiles incluidos. Poco después, los alemanes continuaron su repliegue.

Una de las bombas arrojadas por los británicos se conserva como macabro recuerdo de aquel 26 de junio.

Para congraciarse con los Aliados y evitar futuros ataques, a los dos capitanes regentes no se les ocurrió otra cosa que declarar oficialmente la guerra a Alemania, un deporte que se puso muy de moda en muchos países del mundo cuando empezó a quedar claro que el III Reich no podía luchar con tantos enemigos a la vez y terminaría perdiendo la SGM. Pero estos países estaban lejos de las fronteras alemanas e incluso de Europa, lo que no sucedía con San Marino, pues las tropas germanas no estaban todavía muy lejos de allí... Un contraataque las llevó de nuevo hacia el sur y la Wehrmacht invadió por segunda vez el microestado, en esta ocasión con sus oficiales notablemente irritados por la reciente bravata sanmarinense.

Las Fuerzas Armadas de la minúscula república son tan pequeñas como su país y, desde luego, no aptas para un conflicto bélico. En aquel momento no llegaban a los mil hombres, buena parte de ellos voluntarios. Sus tareas se limitaban a patrullar fronteras, asistir a las fuerzas policiales y desarrollar tareas simbólicas y ceremoniales. Sin duda, un escaso curriculum para enfrentarse a los veteranos soldados del mariscal Albert Kesselring, uno de los más competentes del ejército alemán.

Cuando los capitanes regentes se dieron cuenta de la equivocación que habían cometido, se apresuraron a rendirse..., por teléfono. Llamaron a los mandos alemanes y se deshicieron en excusas ofreciendo todo tipo de facilidades a la nueva ocupación, además de retirar de inmediato la declaración de guerra que, afirmaban, había sido un error imperdonable. De todas formas, la Wehrmacht no se entretuvo más que unos días en la zona. La Línea Gótica se desmoronaba, pues no había conseguido mantener la defensa al mismo nivel que la Línea Gustav, y sus unidades terminaron retirándose al norte para no regresar.

En esta ocasión, los dirigentes sanmarinenses optaron por esperar..., hasta que el 20 de septiembre sufrieron su tercera invasión consecutiva: la del otro bando en guerra. Tampoco duró mucho. Los angloamericanos y sus aliados buscaban romper el frente germano de una manera contundente para hundir todo el esquema defensivo de Kesselring, pero el repliegue ordenado y con una defensa tenaz de los germanos se lo había impedido hasta el momento. De hecho, lo haría hasta la última gran ofensiva en la primavera de 1945. Por ello no se entretuvieron demasiado en la pequeña república, que pronto quedó a la retaguardia del frente.

Entonces, y sólo entonces, los capitanes regentes de San Marino volvieron a declarar oficialmente la guerra a Alemania, con lo que consiguieron para su país el dudoso honor de haber sido el único del mundo que «se atrevió a enfrentar» al III Reich declarándole dos veces las hostilidades durante la SGM..., y además salir «victorioso» del lance.

El ejército andorrano

Según cuentan algunos historiadores, Andorra también tuvo su momento de gloria durante la SGM, pero en esta ocasión debido a un error diplomático.

En agosto de 1914, durante la PGM, las autoridades andorranas se sumaron a la causa de la Triple Entente y declararon la guerra al Kaiser Guillermo II y a sus Aliados de las Potencias Centrales. Si el ejército sanmarinense era diminuto, el andorrano podría definirse como un grupo de amigos, porque estaba compuesto por una decena de soldados, no a tiempo completo, con relevos dos veces al año. Sería difícil encontrar algún militar de Andorra en cualquiera de las grandes batallas de la PGM. O, mejor dicho, en cualquier batalla de la PGM.

Al terminar este conflicto, a nadie se le ocurrió llamar a algún representante del Principado para participar en la Conferencia de Paz de París de 1919 y mucho menos para firmar los documentos que de allí surgieron. Así que técnicamente Andorra se mantuvo en guerra con Alemania durante 25 años, hasta que el error fue subsanado con la firma oficial de la paz el 25 de septiembre de 1939 cuando, irónicamente, ya estaba en marcha la SGM.

No obstante, los dirigentes andorranos repitieron la jugada y, no mucho después, volvieron a declarar la guerra, ahora al III Reich. Igual que en la primera ocasión, los militares del pequeño Estado no llegaron a disparar un solo tiro. Y, también como había sucedido antes, en el momento de firmar el final de las hostilidades, nadie se acordó de invitar a sus delegados políticos. Eso sí, esta vez sólo hubo que esperar 13 años para arreglar la situación, porque la paz definitiva entre andorranos y alemanes llegó oficialmente en 1958.

El teniente Langbein y las botellas de vino

A mediados de 1943, Italia decidió cambiar de bando sobre la marcha: la fanfarria del régimen fascista había sonado muy bien en discursos y desfiles pero a la hora de la verdad su rendimiento militar había sido más un obstáculo que una ayuda para los planes del Eje. El desembarco angloamericano en Sicilia primero y en la Italia continental después y su trabajoso avance hacia el norte convencieron al rey Víctor Manuel III de que, si quería tratar de mantener a la Casa de Saboya al frente del reino de Italia, era hora de pasarse con armas y bagajes al campo de los Aliados.

Destituido Benito Mussolini, encargó al mariscal Pietro Badoglio que formara un gobierno que, oficialmente, seguiría estando junto a Alemania pero que no tardó en negociar en secreto una rápida rendición ante los Aliados. De todas formas, el desprestigio del monarca por haber colaborado durante 20 años con el régimen del Duce, terminaría pasándole factura, a él y su familia. Aunque abdicó a primeros de mayo de 1946 en su hijo y heredero Humberto II, el referéndum organizado al mes siguiente fue favorable a la instauración de la república en Italia, lo que le forzó al exilio en Egipto donde moriría en diciembre de 1947.

El tiempo transcurrido entre el nombramiento de Badoglio y la caída definitiva de la república de Saló –que los alemanes crearon artificialmente al norte de Italia y al frente de la cual pusieron a Mussolini– creó situaciones confusas en las posesiones que aún estaban bajo control italiano. Entre ellas, el Dodecaneso –en griego, significa *Las doce islas*–, un archipiélago ubicado en el mar Egeo frente a la costa suroccidental de Turquía que, en realidad, está formado por 163 islas. De ellas, la más famosa e importante desde el punto de vista estratégico, comercial, militar y cultural es Rodas, ya desde la época de la Grecia clásica.

Italia se apoderó de las islas en 1912 durante su guerra con Turquía. En la SGM, se convirtieron en una importante base naval, con presencia de unos 40.000 militares, pero, tras la defección de 1943, los soldados italianos no mostraron mayor resistencia a las tropas británicas que se presentaron en la zona para tomar el mando. Alemania decidió enviar entonces a paracaidistas y *Brandenburgers* para capturar de nuevo las islas más valiosas, incluyendo la cercana Creta.

Brandenburgers era el nombre con el que se conocía a los miembros de la División Brandeburgo, porque su cuartel general estaba en Stendal, muy cerca de la ciudad alemana de Brandenburg. El fundador de esta peculiar unidad de combate fue Theodore von Hippel, aventurero ingenioso y de vida ajetreada que, durante la PGM, sirvió como subteniente en el África Oriental Alemana, donde los germanos nunca fueron derrotados por los Aliados.

Von Hippel admiraba las técnicas de guerrilla de Thomas Edward Lawrence –más conocido como Lawrence de Arabia– contra los turcos en Arabia y decidió combinarlas con su propia experiencia militar para diseñar algo que no existía en su país: un cuerpo de comandos especiales para distintas misiones de información, sabotaje, captura de puentes..., previa infiltración en territorio enemigo. Sus miembros debían aprender y hablar fluidamente el idioma del enemigo y estar dispuestos a vestir como él para camuflarse. Era una exigencia peligrosa porque, en caso de ser detenidos, podían ser fusilados como espías en lugar de ser tratados como prisioneros de guerra, pero marcaba el estándar de los hombres que buscaba esta unidad.

Las draconianas condiciones del Tratado de Versalles y la anticuada concepción de la guerra de los mandos alemanes durante la República de Weimar impidió a Von Hippel sacar adelante su proyecto pero años más tarde recibiría el apoyo del almirante Wilhelm Canaris, comandante del Abwehr –el servicio de inteligencia del ejército alemán–, para ponerlo en marcha. Seleccionó un primer equipo de soldados bajo el nombre de *Compañía de formación, construcción y deberes especiales nº 800*. que se estrenó con éxito en Polonia y luego actuó también con acierto en Bélgica y Francia. Funcionó tan bien que Canaris desplazó a Von Hippel logrando que le enviaran a combatir en África y tomó el mando del batallón, que terminó convertido en una división que actuó en distintas partes del mundo.

Su flexibilidad y capacidad de improvisación era asombrosa, teniendo en cuenta la rígida disciplina y organización del ejército alemán. Podían disfrazarse de patrulla polaca cantando canciones locales y capturar un puente enemigo antes de que fuera volado por sus defensores como en 1939, viajar como civiles en un vuelo comercial para introducir un cañón antiaéreo desarmado a través de valija diplomática como en Afganistán en 1940, disfrazarse de soldados soviéticos para apoderarse de un campo petrolífero sin disparar un solo tiro como en la URSS en 1942 o infiltrarse en Suráfrica viajando en submarino como en 1943, entre otras operaciones exitosas.

Cuando Canaris y la Abwehr cayeron en desgracia ante Hitler en 1943, los *Brandenburgers* fueron asimilados como mera tropa de infantería a la División Grossdeutschland. Cerca de 2.000 de ellos, incluyendo al barón Adrian von Fölkersam, no se resignaron a abandonar su peculiar forma de practicar la guerra y solicitaron su traslado bajo el mando de Otto Skorzeny, que por entonces se había convertido ya en una leyenda tras su audaz rescate de Benito Mussolini en el Hotel Campo Imperatore del Gran Sasso y cuyo objetivo de

Grupo de soldados pertenecientes a los *Brandenburgers*.

fondo era conseguir una unidad de comandos al menos tan buena como la que tenía el ejército británico.

Al final de la guerra, los *Brandenburgers* que no fueron capturados, muertos o desaparecidos en su última misión, en la que lucharon para obstaculizar el avance de las tropas soviéticas hacia Berlín, se las arreglaron para escapar de Europa y continuar su experiencia aventurera. Colaboraron en los golpes de Estado que crearon nuevos países independientes en el África negra, apoyaron a Egipto en la lucha contra el recién creado Estado de Israel, organizaron los servicios de seguridad de mandatarios como Sukarno, presidente de Indonesia, e incluso asesoraron a Mao Tse-tung en la nueva China comunista.

Entre las islas del Dodecaneso objetivo de las tropas alemanas figuraba la de Cos, que poseía un campo de aviación militar clave para el control de la región. Allí, un comando de *Brandenburgers* al mando del teniente Langbein cometió un error que estuvo a punto de costarles el éxito de la misión y un baldón en su carrera que podría haber terminado incluso ante el pelotón de fusilamiento.

Los hombres de Langbein habían desembarcado al suroeste de la isla y tomaron sin resistencia los bunkers defendidos por una guarnición de soldados italianos e ingleses, pues los defensores huyeron en cuanto vieron llegar a los germanos. Los *Brandenburgers* siguieron avanzando sin más complicaciones hasta que alcanzaron un pueblo que tomaron también sin dificultad y en cuyas afueras encontraron unas cuevas de buen tamaño.

Los comandos alemanes se acercaron con sigilo y luego tomaron al asalto las cuevas, pensando que los soldados italianos e ingleses se habrían escondido en su interior pero para su sorpresa descubrieron que lo que allí se ocultaba no era un enemigo atemorizado sino un montón de botellas de vino. Era la bodega abandonada de algún vecino del pueblo. Las privaciones de la guerra, el estrés de combate, la euforia por la facilidad con que estaban operando en Cos, el hastío por un conflicto que ya duraba años..., todo se sumó para que los alemanes cometieran entonces el error de olvidarse que estaban en medio de una delicada operación militar y, abandonando cualquier precaución, se pusieran a descorchar botellas y a brindar por éxito de su misión. El propio teniente, sobrepasado por las tensiones vividas, dejó que la disciplina se relajara y la situación pronto se le fue de las manos porque muchos de sus hombres se emborracharon literalmente.

No muy lejos de allí, los defensores de la isla habían conseguido rehacerse de la sorpresa y reagruparse. Arrepentidos por su huida, se plantearon el contraataque. Volvieron sobre sus pasos y fueron tomando posiciones alrededor del pueblo, preparándose para lanzarse en tromba sobre los alemanes.

Entre tanto, Langbein se dio cuenta del error que había cometido al conceder barra libre a su tropa y cayó presa de la desesperación: podía ser terrible ser derrotado o capturado en combate, pero hacerlo al mando de una panda de borrachos suponía un deshonor insoportable. Por eso hizo traer a su presencia al médico del pueblo inmediatamente y le ordenó que inyectara Pervitin a sus soldados.

¿Una droga o un simple estimulante?

Introducido en el mercado en 1938 en forma de pastillas, el Pervitin era una metanfetamina desarrollada por la compañía farmacéutica Temmler con sede en Berlín y su uso se hizo muy popular entre la población civil para combatir el cansancio y el estrés. Los ciudadanos no lo consideraban estrictamente una droga como la cocaína o la morfina, sino un mero producto estimulante comparable al café.

Sus efectos llamaron la atención del doctor militar Otto Ranke, director del Instituto para la Fisiología General y de Defensa en la Academia de Medicina Militar de la capital alemana, quien ensayó el estupefaciente con estudiantes universitarios en septiembre de 1939. Certificó que, en la mayoría de los sujetos, la sustancia aumentaba el estado de alerta, la capacidad de concentración, la autoconfianza y la voluntad de asumir riesgos. Además, reducía la necesidad de dormir así como la sensibilidad al hambre, la sed e incluso el dolor.

Ranke concluyó que esta droga debía suministrarse en grandes cantidades a la Wehrmacht para incrementar la eficiencia en combate. Siguiendo sus recomendaciones, se suministraron hasta 35 millones de tabletas de Pervitin y de otro producto similar, el Isophan, fabricado por la farmacéutica Knoll. Y no sólo los alemanes la consumieron: también los Aliados y los japoneses, igual que otras drogas que se emplearon para aumentar el rendimiento de las tropas. En el caso del Pervitin, siguió usándose hasta los años setenta del siglo XX cuando fue definitivamente retirado del mercado.

Un cartel de la aviación aliada incita a los pilotos americanos a drogarse para mantenerse despiertos en el aire debido al cansancio por acumulación de misiones.

El médico local cumplió la orden de Langbein y, cuando terminó las dosis inyectables, molió las pastillas de las que disponía y las mezcló con vino, que suministró al resto de los *Brandenburgers* afectados.

Mezclar alcohol y drogas no suele traer consecuencias positivas pero en este caso salvó el pellejo del teniente y de sus hombres porque la combinación del vino con el Pervitin no sólo despejó a los soldados alemanes en pocos minutos sino que les dotó de un súbito ardor guerrero similar al de los *Berserkrs* de las tradiciones nórdicas: los guerreros que se dejaban poseer por la «furia de Odín» y atacaban furiosos y enloquecidos, sin dar ni pedir piedad y completamente insensibles a las heridas que pudieran recibir. De esta manera, los comandos alemanes cargaron con gran violencia y sin precaución alguna hacia italianos e ingleses, que habían comenzado a atacar pero fueron literalmente arrollados.

Tras el crepúsculo, llegaron las tropas paracaidistas, que se apoderaron de inmediato del campo de aviación. Todos los defensores habían sido muertos o hechos prisioneros y Cos volvía a estar en manos alemanas.

La historia de la bodega terminó, de todas formas, llegando a oídos del alto mando, que pensó en tomar medidas de castigo. Sin embargo, el éxito final de la operación gracias a la reacción de Langbein y la necesidad de utilizar a todas las tropas disponibles ante la mala situación general para Alemania permitió dar largas al asunto y, al final, ninguno de los comandos sufrió correctivo alguno.

Por cierto, fue en esta operación cuando los *Brandenburgers* recibieron por primera vez el apodo de *diablos verdes*: *diablos*, por su enajenada ferocidad de combate y *verdes*, porque la combinación de alcohol y Pervitin dotó a la piel de los soldados de un peculiar tono verdoso.

3.

Peripecias rusas

La masacre de Katyn y el error de los historiadores

A mediados de abril de 1943, Radio Berlín dio una noticia que conmocionó a Alemania y al resto del mundo: el hallazgo de unos 10.000 cadáveres de oficiales polacos asesinados tres años antes en secreto por los soviéticos y enterrados en el bosque de Katyn, apenas a 20 kilómetros de la localidad rusa de Smolensk. El informe elaborado por la Cruz Roja Internacional confirmaba la denuncia alemana. El gobierno polaco en el exilio, residente en Londres, rompió relaciones con Moscú aunque la Unión Soviética negó su responsabilidad con gesto indignado. El Reino Unido, Francia y EE.UU. prefirieron creer a su aliado que, de paso, aprovechó para poner en marcha un gobierno polaco alternativo integrado por comunistas y por tanto controlado por el Kremlin. Así comenzó una de las mayores imposturas de la SGM, en vigor hasta finales del siglo XX.

La campaña soviética de invasión de Polonia se retrasó quince días respecto a la alemana pero resultó más contundente, ya que las principales fuerzas polacas se concentraban en el oeste de su país para hacer frente a la ofensiva de la Wehrmacht cuando las primeras unidades del Ejército Rojo traspasaron sus fronteras en el Este el 17 de septiembre de 1939..., y sin declaración oficial de guerra. La excusa oficial era, como de costumbre, «la liberación de los pueblos oprimidos». En este caso, de las minorías ucranianas y bielorrusas que vivían en la región, pero también del propio pueblo polaco «bajo el yugo de los terratenientes y capitalistas» de su país.

Entre 230.00 y 450.000 militares polacos –según distintas fuentes– fueron hechos prisioneros en esta rápida campaña. Muchos de ellos fueron enviados al Gulag en los campos de concentración de Siberia en cuatro deportaciones consecutivas desde 1939 a 1941, mientras se sucedían los arrestos y las ejecuciones tanto de militares como de civiles que se negaban a admitir la desaparición de su país tras su incorporación como nueva república a la URSS.

Preocupado por la posibilidad de que la frágil resistencia polaca pudiera mantenerse a lo largo del tiempo y alentar una rebelión contra la ocupación, el responsable de la policía secreta soviética, Lavrenti Beria, presentó el 5 de marzo de 1940 una propuesta oficial al Politburó encabezado por Stalin para «deshacerse» de inmediato de los posibles líderes de una contrarrevolución de este tipo. El Politburó dio el visto bueno sin poner demasiadas pegas.

Holomodor

Pese a los principios idealistas defendidos durante la Revolución que desembocó en el tiránico régimen impuesto por la URSS, Stalin y el resto de dirigentes comunistas nunca mostraron el más mínimo escrúpulo y usaron, si así lo consideraron necesario, la matanza y el genocidio como herramientas habituales a la hora de manejar grandes masas de población. El hecho de haber terminado la SGM en el bando de los vencedores les permitió tergiversar la verdad durante mucho tiempo. Incluso en la actualidad, un porcentaje asombroso de personas en la Europa occidental no termina de creer –o minimiza sin pestañear– los crímenes soviéticos, aplicando un doble rasero frente a los cometidos por los países del Eje.

Buen ejemplo de ello fue el Holomodor. En ucraniano, significa *matar de hambre* y consistió precisamente en eso: la muerte de hasta 10 millones de personas –según algunas fuentes– por inanición, tras confiscarles sus cosechas aprovechando el proceso de colectivización forzosa impulsado por la URSS a partir de 1932. La versión oficial del Kremlin fue que esta hambruna se produjo por la combinación de malas cosechas y el sabotaje de elementos contrarios al régimen. Algunos historiadores creen que el objetivo de este exterminio fue doblegar la resistencia ucraniana a la implantación del comunismo, además de servir de advertencia contra otras etnias que quisieran rebelarse contra el poder de Moscú.

Así pues, lo sucedido en Katyn no fue, en el fondo, ninguna sorpresa para las tropas que participaron en la Operación Barbarroja y tuvieron ocasión de localizar muchas otras fosas comunes en su avance hacia Moscú. Hasta el mes de septiembre de 1941 y por temor a que el avance de la Werhmacht los liberara, los comisarios de la NKVD procedieron a ejecutar a decenas de miles de presos estonios, letones, lituanos, moldavos, polacos... Entre las peores masacres figuran las de Lvov –donde asesinaron a unos 10.000 reos–, Vinnitsa –9.000– o Jarkov –8.000–.

Todo esto sucedió después de la invasión alemana; los asesinatos de Katyn fueron ejecutados más de un año antes de que comenzara la Operación Barbarroja.

CHICAGO AMERICAN

SIX MILLION PERISH IN SOVIET FAMINE

Peasants' Crops Seized, They and Their Animals Starve

Reporter Risks Life to Get Photographs Showing Starvation

La prensa occidental también se hizo eco del Holomodor, como este periódico de Chicago. Sin embargo, esta tragedia es hoy desconocida para muchos europeos y norteamericanos.

La idea inicial fue eliminar el mayor número posible de oficiales –internados entonces en el campo de concentración soviético de Kozelsk– para descabezar absolutamente al ejército derrotado, mas la masacre se amplió a otras capas de la población para reducir en lo posible el surgimiento de nuevos líderes polacos. La cifra definitiva de asesinados según las últimas investigaciones del Instituto de la Memoria Nacional de Polonia y otras instituciones fue aún más elevada de lo anunciado por la radio alemana, con un registro total de 21.768 ciudadanos polacos, incluyendo los liquidados en varias prisiones próximas. De ellos, sólo unos 8.000 serían militares, prisioneros de guerra, entre los que figuraban 1 almirante, 2 generales, 17 capitanes de Marina, 24 coroneles, 79 tenientes coroneles, 200 pilotos de la Fuerza Aérea, 258 mayores y 654 capitanes. En total, más de la mitad del cuerpo de oficiales de las fuerzas armadas polacas, el 8% de los cuales eran de origen judío.

A ellos habría que sumar 6.000 policías y otros 7.000 civiles con estudios, como historiadores, profesores de universidad, médicos, abogados, ingenieros, funcionarios del Estado, periodistas, escritores e incluso sacerdotes.

En realidad, la masacre de Katyn fue triple pues los prisioneros polacos, además de Kozelsk, habían estado confinados en los campos de Starobelsk y Ostashkov. Desde allí fueron trasladados a Smolensk, Jarviv y Kalinin –hoy, Tver– para su ejecución en Katyn, Piatykhatky y Mednoie.

Uno de los dirigentes del NVKD, Dimitri S. Tokarev, detalló el *modus operandi* de las ejecuciones que, al menos en el área de Kalinin, donde ejercía como jefe de la Junta del Distrito de la policía secreta soviética, comenzaban por la tarde y terminaban al amanecer. El primer transporte de víctimas se presentó el 4 de abril de 1940 con 390 personas. Los siguientes llevarían cifras inferiores a 250 condenados cada uno. Según Tokarev, se revisaba la información personal de cada preso y luego se le conducía a una celda aislada y pintada de rojo para disimular las manchas de sangre. Allí se le disparaba en la nuca sin más contemplaciones, disimulando las detonaciones con el ruido de maquinaria en funcionamiento en el mismo lugar. A continuación se recogía el cadáver y se sacaba por una puerta trasera para depositarlo en un camión donde se almacenaban los cuerpos hasta completar la carga. Finalmente, eran transportados a la fosa común.

En otros casos, las ejecuciones eran más simples. Las víctimas eran llevadas hasta las mismas fosas con las manos atadas a la espalda y, una vez allí, eran tiroteadas en la nuca y caían directamente en el lugar de su sepultura. Aunque muchos fueron ejecutados con revólveres Nagant M1895 de fabricación rusa, también se emplearon pistolas alemanas del tipo Walther PPK, que fueron facilitadas por el gobierno central en Moscú.

Durante casi 50 años, la masacre de Katyn fue incluida en la larga lista de crímenes de guerra achacados a Alemania por los vencedores de la SGM, pese a las denuncias de un puñado de investigadores que clamaban por revisar esta conclusión, sin que los grandes medios de comunicación se preocuparan por hacerles mucho caso ni los historiadores más reconocidos les prestaran atención. De hecho, la mayor parte de la prensa occidental aceptó las argumentaciones soviéticas prácticamente desde el primer momento.

El propio presidente norteamericano Franklin Delano Roosevelt ordenó desechar el informe que le había presentado su enviado especial para la investigación del caso, George Howard Earle, un observador independiente que pese a su posición antialemana llegó a la conclusión de que los culpables de las matanzas habían sido los soviéticos. Cuando Earle pidió permiso a Roosevelt para publicar de todas formas los resultados, el presidente de EE.UU. se lo negó y le ordenó expresamente que se olvidara del caso.

Earle ignoraba que Roosevelt poseía ya una extensa documentación que no había hecho pública –más de mil páginas– incluyendo los informes de dos prisioneros norteamericanos que los alemanes emplearon como testigos del crimen: el capitán Donald B. Stewart y el teniente coronel John H. Van Vliet. Aunque Stewart y Van Vliet pensaron en un primer momento que los asesinatos habían sido cometidos por alemanes y que estaban intentando engañarles, tuvieron acceso a pruebas contundentes de que los autores habían sido soviéticos. Después de la guerra, ambos testificaron en el mismo sentido en 1950 y en 1951, incluso ante la Comisión Maden en el Congre-

Soldados alemanes contemplan una de las fosas comunes donde los soviéticos enterraron a los polacos asesinados.

so de los EE.UU., que recomendó a la Casa Blanca que denunciara a la URSS por «uno de los crímenes internacionales más bárbaros en la historia del mundo».

En 1945, la URSS había llevado el tema de Katyn al Juicio de Nuremberg y presentado como «prueba auténtica e indiscutible» de la supuesta responsabilidad alemana un informe en realidad carente de pruebas que no convenció a nadie, por lo que el caso fue sobreseído.

EE.UU. sólo confirmó que conocía la autoría soviética de este crimen cuando el último presidente de la URSS, Mijail Gorbachov, reconoció oficialmente en 1989 la responsabilidad de su país. El primer presidente de la nueva Rusia postsoviética, Boris Yeltsin, facilitó más tarde a las autoridades polacas la documentación original que lo certificaba.

Esta revelación impactó profundamente en Europa porque demostraba que, a pesar de todo lo publicado sobre la SGM desde 1945, era posible que algunas de las verdades que se consideraban como tales no lo fueran tanto, o no lo fueran en absoluto. En este caso, se habló mucho de la equivocación de los historiadores oficiales tanto en occidente como en los países del Este al dar credibilidad a la versión soviética pero no fueron pocos los analistas que insinuaron que, más que error, había que pensar en una falsificación histórica en toda regla que a ninguno de los vencedores de la SGM le había interesado aclarar hasta entonces.

En el año 2000, se inauguró un gran complejo memorial en el lugar del crimen con un museo, varios monumentos y, por supuesto, un importante cementerio en el que no sólo yacen los polacos sino también más de 6.000 víctimas de la Gran Purga soviética de 1930. Existen unos 400 monumentos en memoria de esta masacre, sobre todo en Polonia, pero, hasta el día de hoy, Rusia no ha compensado a las familias de las víctimas ni tampoco al Estado Polaco por ello.

En noviembre de 2010, la Cámara de Diputados de Rusia aprobó en primera lectura una declaración reconociendo *que* «el crimen de Katyn fue perpetrado por orden directa de Stalin y otros dirigentes soviéticos», lo que enmendaba definitivamente el error de los historiadores. Unos meses antes, el 10 de abril de ese mismo año, se había producido otro suceso trágico en las inmediaciones de Smolensk. El Tupolev Tu-154 que llevaba a bordo al entonces presidente de Polonia Lech Kaczynski y a otras personalidades de su país con destino a la base militar de esta ciudad –precisamente para una visita de Estado al nuevo memorial de Katyn en la que pensaban conmemorar el 70 aniversario de la matanza– se estrelló en un accidente donde no hubo supervivientes.

El siniestro provocó una avalancha de rumores sobre lo que podía haber sucedido de verdad, ante la incoherencia de las versiones sucesivas y de ciertos detalles que se conocieron con posterioridad. Por ejemplo, una comisión polaca encontró rastros de material explosivo –trinitrotolueno y nitroglicerina– entre los restos del avión, incluyendo treinta de los asientos. Además, uno de los testigos del accidente, Remigiusz Mus –quien escuchó a través de una estación de radio portátil las conversaciones de la tripulación del Tupolev con los controladores aéreos–, fue hallado ahorcado a las afueras de Smolensk.

La versión oficial final descartó la posibilidad de atentado y echó la culpa al piloto del avión, asegurando que desobedeció a la torre de control del aeropuerto de la base militar donde debía aterrizar. Según sus conclusiones, los operadores le habrían advertido de que la niebla era demasiado espesa para la operación, a pesar de que en la actualidad tanto los aviones de transporte de las personalidades políticas como las bases de este tipo suelen estar dotadas con sistemas de ayuda al despegue y el aterrizaje incluso en estas condiciones. Es posible que, como en el caso de la masacre de Katyn, debamos esperar medio siglo para conocer lo que pasó de verdad.

La masacre de Marzabotto

Todo lo relacionado con Polonia –a la que británicos, franceses y norteamericanos abandonaron no sólo al principio de la SGM sino después de ella, cuando la dejaron en manos de Stalin–, constituye un hecho sumamente incómodo para los Aliados pero también para muchos historiadores contemporáneos porque demuestra que, en una guerra, no hay espíritus puros y los crímenes aparecen indistintamente bajo una u otra bandera. Esta realidad va en contra del mito según el cual ésta fue una guerra «buena», una especie de «cruzada contra el Mal» en lugar de un conflicto más –si bien a una escala colosal, mucho mayor de lo habitual– de los muchos que han atormentado a la humanidad a lo largo de su historia.

Durante los seis largos años que duró la SGM se produjeron atrocidades por parte de ambos bandos, pero desde 1945 sólo se recuerdan las cometidas por los perdedores a los que, como sucedió con Katyn, se les ha acusado incluso de algunas que no cometieron. Examinando los sucesos en distintos frentes bélicos, encontramos distintos crímenes de este tipo cuya verdadera autoría ha sido puesta en entredicho por investigadores no adscritos a la versión oficial pero de la que rara vez se debate públicamente. ¿Cuántos errores de este tipo siguen respaldando a día de hoy los historiadores, por desconocimiento de los hechos o por ocultos intereses?

Uno de estos casos dudosos es el de la masacre de Marzabotto, cerca de Bolonia. Los hechos sucedieron entre finales de septiembre y primeros de octubre de 1944, cuando las tropas alemanas se encontraban en retirada hacia el norte de Italia y varios centenares de civiles fueron asesinados, incluyendo más de 150 niños menores de 10 años y algunos sacerdotes católicos.

Al terminar la guerra, el *SS Sturmbannführer* (*Mayor SS*) Walter Reder fue inculpado por esta masacre y por otras parecidas en las poblaciones cercanas de Monzuno y Grizzana Morandi. Según la acusación, soldados de su 16 División de Granaderos SS *Reischsführer* SS mataron a estas personas por orden de Reder en represalia por el apoyo a los partisanos de la resistencia italiana. Extraditado a Italia en 1948 para ser sometido a juicio, fue condenado a cadena perpetua por un tribunal de Bolonia en 1951, pese a insistir en su inocencia y a contar con el apoyo oficial de los gobiernos de Austria y de Alemania de la época, que reunieron decenas de millares de firmas –en un momento en el que no existía Internet– para pedir su liberación por considerar injusta la sentencia.

Una investigación independiente que recopiló información sobre Reder y su actuación en Italia llegó a la conclusión de que los autores de las muertes de campesinos no fueron las tropas alemanas sino los partisanos de la banda *Stella Rossa* (*Estrella Roja*) de ideología comunista y liderada por Mario Musolesi, alias *Il lupo* (*el lobo*) debido a su ferocidad. Los partisanos habrían actuado en venganza por el «colaboracionismo» de las víctimas con las unidades germanas, que organizaron una exitosa operación antiguerrillera en la que Musolesi murió y su banda fue desmantelada.

Los resultados de estas pesquisas y las numerosas peticiones de clemencia para el antiguo comandante germano fructificaron en 1985 cuando fue entregado a las autoridades austríacas a los 70 años de edad, no sin antes ser obligado a firmar una carta renunciando a su ideología. Fue recibido con honores por el entonces Ministro de Defensa de Austria cuando llegó finalmente a Viena, donde fallecería en 1991.

Kiril Meretskov y el *sisu* de Finlandia

Kiril Afanasievich Meretskov fue uno de los más conocidos mariscales de la URSS y llegó a recibir la distinción de Héroe de la Unión Soviética. Tuvo una vida plena de altibajos, con triunfos y derrotas sonados y aventuras no siempre agradables.

Voluntario en el ejército imperial ruso en junio de 1916, participó en la PGM como mecánico y tras la Revolución de Octubre participó en la guerra civil rusa, donde fue herido varias veces y condecorado por su valentía. En 1922 fue nombrado Jefe del Estado Mayor de la I división de caballería de Tomsk y, a partir de ahí, sus sucesivos destinos le condujeron a sucesivos ascensos.

En octubre de 1936 viajó a España en calidad de asesor militar del ejército republicano y, entre otras cosas, participó en la organización de una decena de brigadas internacionales en Albacete, medió ante el anarquista Buenaventura Durruti para que aportara a sus hombres a la batalla de Madrid y ayudó a derrotar a las tropas italianas en la batalla de Guadalajara. Justo después de este último enfrentamiento, recibió la orden de regresar a Moscú donde fue nombrado subjefe del Estado Mayor General del Ejército Rojo. En 1939, fue nombrado jefe del Distrito Militar de Leningrado. Allí, asistió al comienzo de la primera guerra entre la URSS y Finlandia: la llamada Guerra de Invierno.

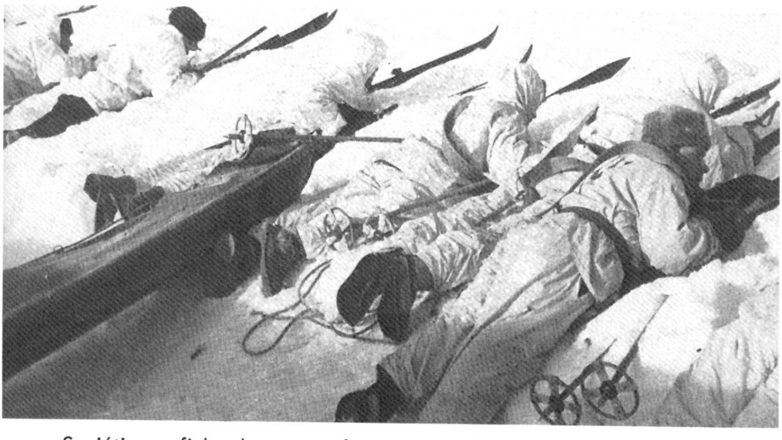

Soviéticos y finlandeses se enfrentaron en dos conflictos consecutivos: la Guerra de Invierno y, poco después, la Guerra de Continuación.

El territorio finlandés formó parte del Reino de Suecia durante siete siglos, hasta que en 1808 el zar Alejandro I de Rusia se apoderó de él y creó el Gran Ducado de Finlandia, como una especie de colchón para proteger la frontera noroeste de su imperio y especialmente la ciudad de San Petersburgo, que en aquella época era la capital de Rusia. Con la revolución bolchevique de 1917, los nacionalistas finlandeses vieron la oportunidad de separarse definitivamente de suecos y rusos y declararon la independencia. Tras la firma del Pacto Ribbentrop-Mólotov, Moscú decidió que era hora de recuperar lo que consideraba suyo e incorporar a Finlandia al redil de las repúblicas soviéticas, así que comenzó a presionar por vía diplomática para hacerse en primer lugar con varias zonas del país vecino y, a la larga, con el resto. Para entonces los finlandeses tenían claro que querían seguir siendo un Estado independiente y plantaron cara.

En estas condiciones, la URSS buscó una justificación para atacar y se produjo el bombardeo de Mainila, hoy considerado un ataque de falsa bandera o de autoagresión soviética: una excusa para lanzar la ofensiva. Sucedió el 26 de noviembre de 1939 cuando una aldea rusa llamada Mainila fue golpeada por un ataque artillero que causó varios muertos civiles y militares. Los soviéticos exigieron a los finlandeses que se excusaran y que en reparación replegaran sus tropas de la frontera mientras se investigaba el incidente, pero Finlandia se negó a pedir disculpas y declaró que no tenía nada que ver con lo sucedido. Además denunció que habían sido las propias piezas de artillería soviéticas las que habían disparado contra la aldea. Casi 60 años más tarde, el presidente de Rusia Boris Yeltsin reconocería formalmente que el conflicto entre ambos países había sido una agresión soviética…, aunque se negó a iniciar negociaciones para devolver a los finlandeses el territorio que les fue arrebatado por ello.

Encolerizado, el Kremlin anunció que el Pacto de no agresión firmado en 1934 entre ambos Estados quedaba roto y, cuatro días después, lanzó a 4 ejércitos y 23 divisiones a invadir el país vecino. Aquí nos reencontramos con Meretskov que, con el rango de comandante de ejército, fue puesto al mando de la ofensiva.

Y aquí, también, fue cuando Meretskov cometió uno de los principales errores de su carrera: menospreciar a los finlandeses, a los que consideró que derrotaría en apenas una semana gracias a la inmensa superioridad numérica de la URSS y la enorme cantidad de tanques y aviones de los que disponía. El plan era sencillo: atacar a lo largo de toda la frontera en cuatro puntos diferentes –uno por ejército– y, superando la línea Mannerheim, ocupar en pocos días la capital, Helsinki, y otros objetivos específicos. En su opinión, el pobre ejército finlandés ofrecería aún menos resistencia de lo que lo había hecho el polaco.

Carl Gustav Emil Mannerheim.

El caso de Finlandia

La línea defensiva finlandesa debía su nombre a Carl Gustav Emil Mannerheim, quien hace pocos años fue elegido en una encuesta popular como el finlandés más importante de la breve historia de este país donde las Fuerzas de Defensa celebran su cumpleaños, el 4 de junio, como día de la bandera nacional.

Su vida fue tan aventurera como la de muchos de los grandes protagonistas de la SGM. Formado militarmente en el ejército imperial ruso, logró el ascenso a coronel durante la guerra ruso-japonesa de 1904/1905 y durante la PGM sirvió en los frentes rumano y austrohúngaro, donde fue condecorado por su valor. Fue ascendido a teniente general al mando del VI Cuerpo de Caballería tras la revolución de 1917 pero, al no ser un entusiasta bolchevique, fue relevado del mando aprovechando que había resultado herido. Abandonó el ejército y regresó a Finlandia, que acababa de proclamarse independiente.

Durante años, fue una de las figuras políticas y militares del país, entrando y saliendo del poder en sucesivas ocasiones y adquiriendo cada vez mayor prestigio. En 1931 fue elegido jefe del Consejo de Defensa, con la promesa de ser nombrado comandante en jefe de caso de guerra. Esto le permitió obtener un título honorífico que le llenó de orgullo, el de mariscal de campo, además de trabajar en el rearme y la organización del débil ejército nacional. Cuanto estalló el conflicto con la URSS –la Guerra de Invierno primero y la Guerra de Continuación más tarde–, ejerció de forma competente como comandante en jefe logrando al mismo tiempo mantener cierta neutralidad con el III Reich, que deseaba una alianza más estrecha para alinear las tropas finlandesas junto a los intereses alemanes. Pero Mannherheim desconfiaba de Alemania, cuya influencia en los asuntos políticos de Finlandia temía tanto como la de la URSS, y decía luchar sólo para mantener la independencia de su joven nación. Este desapego le beneficiaría al final de la SGM.

En 1942, el gobierno de Helsinki le felicitó el cumpleaños otorgándole el título exclusivo de Mariscal de Finlandia, un honor que nadie más ha alcanzado. También recibió una visita incómoda: la de Adolf Hitler, quien quería conocerle en persona y, de paso, presionarle para que aceptara un tratado de cooperación y amistad. Tras muchas reticencias, el encuentro se produjo con un reducido número de asistentes políticos y militares cerca del aeropuerto de Immola, al sureste del país y duró no más de cinco horas que terminaron sin acuerdos concretos.

La dimisión del presidente de la república Risto Ryti, que se vio forzado a dejar el cargo en agosto de 1944, le convirtió en el único sucesor posible para dirigir los destinos de su país. Sólo un mes después de su nombramiento como nuevo jefe de Estado, se presentó la oportunidad de terminar la Guerra de Continuación. Los soviéticos impusieron severas condiciones para firmar la paz, pero Mannerheim logró un gran éxito al mantener la independencia de su país como democracia parlamentaria y con una economía de libre mercado.

La Línea Mannerheim, ubicada estratégicamente en el istmo de Carelia, resistió bastante bien la ofensiva soviética pues no en vano había sido diseñada durante muchos años y con ayuda de varios ingenieros militares centroeuropeos explotando las características del terreno, precisamente en previsión de un ataque desde el Este.

Todo el sistema era una modernización de las barreras defensivas desarrolladas desde tiempos inmemoriales por las primitivas tribus nórdicas y eslavas que habitaban las duras tierras del extremo norte de Europa, basadas en el uso de recursos naturales para levantar, a un bajo coste, una serie de parapetos y barricadas de gran solidez. Un ejemplo característico de este tipo de defensa empleada en los bosques escandinavos era el abatis –término oriundo del francés, que significa «montón de material apilado»– y que consiste básicamente en talar árboles en hileras a una altura aproximada de un metro o metro y medio de forma que, al caer, los troncos permanezcan unidos a sus respectivos tocones pero cruzados sobre el terreno unos con otros. Después, las copas de los árboles se fijaban a tierra con estacas y las ramas eran afiladas.

El abatis se combinaba con otros obstáculos como pozos, empalizadas o caballos de Frisia –en su modalidad de piedras puntiagudas clavadas en el suelo para dificultar la movilidad y en la de estructuras en general de madera compuestas por numerosas cruces ensambladas sobre un madero central–. De esta manera, el enemigo ralentizaba su avance hasta extremos irritantes, mientras los defensores empleaban sus conocimientos del terreno y las técnicas de guerrilla para emboscarle y causarle un elevado número de bajas con relativa impunidad. La única manera de destruir una defensa de este tipo con cierta rapidez era prenderle fuego pero cuando uno está retenido por semejante trampa en lo más profundo del bosque un incendio supone un riesgo elevado: el fuego no distingue entre banderas ni uniformes.

La profundidad de estos sistemas de defensa variaba entre unas decenas de metros y, en las zonas más expuestas a un fuerte ataque enemigo, varias decenas de kilómetros. Una de estas fortificaciones, conocida como el Gran Cinturón, fue construida en el siglo XVI en torno a la ciudad de Tula para defender Moscú de los ataques tártaro mongoles y según se cuenta tenía más de 1.500 kilómetros. Para el siglo XVIII, el diseño defensivo había sido tan mejorado que la capital rusa nunca pudo ser atacada desde el sur, pues en esa zona contaba con hasta ocho cinturones de obstáculos de este tipo a lo largo de 800 kilómetros. Las tropas regulares se concentraban en ciudades y fortalezas, mientras cada abatis era defendido por unidades ligeras, de pequeño tamaño y extremadamente móviles.

En una emboscada típica durante los años cuarenta, comprendemos la eficacia del conjunto al imaginar una columna de tanques, infantería motorizada y artillería soviética avanzando por un sendero forestal finlandés del que no pueden apartarse porque los alrededores están minados. Aparece un curso de agua y hay un puente que lo cruza. Los zapadores soviéticos comprueban que carece de cargas explosivas y no hay soldados finlandeses a la vista, así que hay luz verde para avanzar. Sin embargo, cuando los primeros tanques empiezan la maniobra la infraestructura revienta y se viene abajo, pues las minas se encontraban escondidas dentro de los pilares que sostienen el puente y se han activado por el peso. La trampa está cerrada: la columna tiene que detenerse forzosamente y no puede seguir hacia delante pero tampoco invertir su camino pues éste es muy estrecho y los tractores de artillería de la época no pueden empujar hacia atrás sus remolques. Es preciso iniciar una compleja maniobra para salir de allí, teniendo en cuenta los alrededores minados. Y es entonces cuando los francotiradores finlandeses, escondidos en el bosque, empiezan a disparar a placer…

Esta situación se repitió en numerosas ocasiones y frustró las expectativas de Meretskov y sus hombres, quienes disfrutaban de una superioridad considerable –3 a 1 en soldados, 100 a 1 en tanques, 30 a 1 en aviones– que no supieron rentabilizar.

El éxito de la defensa finlandesa, sobre todo en la primera etapa de su enfrentamiento contra las tropas de invasión soviética, también tuvo bastante que ver con otros factores. Entre ellos, la extraordinaria movilidad de su infantería –acostumbrada a moverse con rapidez en terrenos nevados gracias a sus esquíes–, el uso sistemático y eficiente de tácticas guerrilleras –dada la inferioridad de los defensores frente a los grandes contingentes soviéticos, mantener enfrentamientos directos suponía un suicidio– y el empleo de trajes de camuflaje efi-

El éxito de la defensa finlandesa tuvo que ver en parte con la extraodinaria movilidad de su infantería.

cientes –tanto a la hora de proteger de las bajas temperaturas como a la de confundirse con el paisaje–. Aunque, en este último caso, justo es recordar que el ejército finlandés era tan pobre que muchos de sus soldados tuvieron que combatir con su propia ropa a la que cosían las insignias que ellos mismos se habían fabricado, ya que no había equipo para todos. La tropa bautizó estos uniformes improvisados con el irónico nombre de «modelo Cajander», en crítico homenaje al entonces primer ministro en el país: Aimo Cajander.

Cuando se habla de las campañas de invierno en el norte de Europa durante la SGM siempre se menciona lo mal que lo pasaron los alemanes por el frío durante su invasión a la URSS pero los soviéticos no lo pasaron mejor durante su invasión a Finlandia. El invierno de 1939/1940 fue muy duro y alcanzó temperaturas de 40 grados bajo cero en los que desempeñó un importante papel la citada ropa de camuflaje. Además, los finlandeses estaban acostumbrados a los termómetros extremos pues, al principio, los mandos soviéticos no quisieron emplear para su ofensiva a soldados nativos de aquella región, y por tanto acostumbrados a los rigores invernales, por considerar que podría haber lazos emocionales, comerciales e incluso familiares con los del país vecino que hiciera disminuir su ardor combativo. Por ello, optaron por empujar a primera línea a unidades oriundas de latitudes ubicadas mucho más al sur, menos acostumbradas a tan gélidas temperaturas. También sufrió la maquinaria pues buena parte de los vehículos empleados por los soviéticos no habían sido probados con tanto frío y era preciso mantenerlos en marcha durante las 24 horas para evitar que se congelara el combustible, con el consiguiente derroche del preciado petróleo. Olvidarse de las exigencias meteorológicas fue otro error en la planificación de Meretskov.

Otro aspecto que perjudicó su ofensiva, aunque éste no fue culpa suya sino del propio régimen de la URSS, fue la manifiesta incompetencia sobre el terreno de muchos de los oficiales soviéticos, novatos en un mando que a menudo debían a sus amistades y contactos políticos, antes que a veteranía o cualidades útiles en el campo de batalla. La mayoría había ascendido tras la gran purga de 1930, sin duda un grave error de Stalin, que desconfiaba de los antiguos oficiales y prefirió poner el Ejército Rojo en manos de comisarios políticos en lugar de militares de carrera.

Finalmente, no podemos olvidar el «arma secreta» de los finlandeses: el *sisu*. Esta palabra es complicada de definir y traducir pero equivale a mantener una actitud de coraje y ciega confianza en uno mismo a pesar de las adversidades, empleando incluso el humor para afrontarlas sin miedo.

Un chiste popular en la época lo resumía de esta manera: dos soldados de infantería defienden su posición contra los rusos. Uno de ellos, con aire de preocupación, le dice al otro: «son muchos más, nosotros sólo dos y ellos, por lo menos, cuarenta». Y el otro le contesta, resoplando con incomodidad: «Dios mío…, vamos a tener que perder todo el día enterrándolos.»

Francotiradores

Tal vez el aspecto más conocido del ejército finlandés durante la SGM sea la temible eficacia de sus francotiradores, aunque dado el escenario bélico descrito es comprensible que cosecharan elevadas tasas de enemigos liquidados. Dos de ellos figuran en la lista de los 12 especialistas en disparo selectivo con mayor número de víctimas durante el conflicto: Simo Häyhä y Sulo Kolkka.

Häyhä encabeza el *ranking* con una cifra superior a los 505 enemigos –algunas fuentes afirman que mató a 542–, lo que le valió el apodo de *Belaya Smert*, «la Muerte Blanca». Nacido en la pequeña localidad de Rautjärvi, cercana a la actual frontera entre ambos países, conocía bien el teatro de operaciones y supo sacar gran provecho de sus habilidades como cazador, combatiendo enrolado en el 34 regimiento de infantería.

El Ejército Rojo organizó varias intentonas para acabar con él, pues a las elevadas pérdidas que producía su puntería había que añadir el efecto de creciente desmoralización en sus filas, pero ninguna tuvo éxito. Por ironías del destino, resultó herido casi al azar, con una bala explosiva que le destrozó parte del rostro –la mejilla izquierda y la mandíbula–. Aunque no murió, su recuperación fue lenta y, dado el primitivo estado en el que se encontraba en aquella época la cirugía plástica, vivió el resto de su vida con la cara desfigurada. El ejército quiso compensarlo elevando su rango de cabo al de teniente segundo. Murió con 96 años de edad, en 2002.

En cuanto a Kolkka, es el encargado de cerrar la lista de los mejores francotiradores con su récord personal de 410 enemigos abatidos.

Tropas finlandesas esperando a los soviéticos para practicar su puntería.

El fracaso de la ofensiva llevó a Moscú a tantear a Helsinki planteando un tratado que pusiera fin a la guerra, aunque imponiéndole severas condiciones. El gobierno finlandés, creyendo que los soviéticos no daban más de sí y que nunca podrían rebasar sus defensas, se negó a asumir este documento y Stalin, furioso, ordenó reanudar los ataques aunque le quitó el mando a Meretskov y nombró en su lugar como comandante a Semion Timoshenko.

Además, triplicó el número de soldados enviados a pelear: si Meretskov había dirigido a 200.000, Timoshenko mandó 600.000. También incrementó el apoyo artillero hasta límites impensables al comienzo de las hostilidades. El 1 de febrero comenzó la nueva ofensiva y, a costa de graves pérdidas, asumibles únicamente por tratarse del Ejército Rojo –ya que el Kremlin no tenía que rendir cuentas de sus fracasos a su opinión pública, como las democracias occidentales–, se pudo superar al fin la Línea Mannerheim.

El 12 de febrero los soviéticos plantearon de nuevo su tratado, con cláusulas más onerosas que el primero, y las autoridades finlandeses se vieron obligadas a reconsiderar su posición, ya que su pequeño ejército no estaba en condiciones de seguir conteniendo la impresionante potencia militar de la URSS. El 13 de marzo de 1940 se firmó la paz de la Guerra de Invierno. Helsinki cifró sus bajas totales en 25.000 muertos y 55.000 heridos. El número de bajas soviéticas no está claro, pero se estima que fue de algo menos de 300.000.

En cuanto a Meretskov, Stalin le destituyó en diciembre de 1940 de su cargo de Jefe del Estado Mayor, que fue ocupado por otra figura pujante y que terminaría la SGM con el cartel de ser la estrella más rutilante del universo militar soviético: Gueorgui Zhukov. Las peripecias posteriores de Meterskov ya no vienen al caso, pero en años sucesivos seguramente el recuerdo de sus errores en Finlandia y la reflexión sobre los mismos le sirvieron para recuperar la iniciativa y, a través de sucesivas campañas, recuperar su prestigio y su reputación hasta finalizar el conflicto con la consideración de haber sido uno de los mejores generales de la URSS durante la SGM.

Filip Gólykov y el error que no lo fue

Uno de los cuerpos especialmente mimados por Stalin desde antes de la guerra fue el GRU (*Glávnoe Razvédyvatelnoe Upraviéie* o *Directorio principal de Inteligencia*), el servicio de inteligencia militar de la URSS..., aunque no debemos considerar el concepto de *mimo* exactamente igual al que tenemos en Europa occidental. Esta unidad disponía de fuertes recursos para el desarrollo de su trabajo y ofrecía posibilidades de promoción y aventura, pero su pertenencia a ella resultaba muy exigente y peligrosa. Y no sólo por los riesgos que asumían sus agentes sobre el terreno, sino por los fuertes castigos que implicaba un trabajo que no fuera del gusto del Kremlin: la mayoría de los jefes de esta organización que cayeron en desgracia ante Stalin no fueron sólo destituidos sino eliminados físicamente para evitar que se fueran de la lengua ante la valiosa información que manejaban.

En diciembre de 1940 estaba al frente de esta organización el teniente general Filip Gólykov, quien presentó un informe al máximo dirigente soviético en el que advertía de que Adolf Hitler había decidido atacar a la Unión Soviética, a pesar de no haber terminado la guerra en el oeste. También señalaba que no existían preparativos inmediatos para desencadenar el ataque. El documento era de extrema importancia porque Moscú no creía que Hitler fuera a caer en el mismo error que la Alemania del Kaiser durante la PGM: luchar en dos frentes al mismo tiempo. Por ello, fue examinado y debatido intensamente en una reunión del alto mando soviético con presencia del mismo Stalin quien a partir de ese momento recibió personalmente los informes de Gólykov, en quien desarrolló un elevado grado de confianza.

Los espías soviéticos desempeñaron un papel imprescindible en la victoria final contra Alemania. Muy activos y eficientes, suministraron información por adelantado de todos los movimientos de importancia del III Reich en el Este. El mariscal de la URSS A. A. Grechko reconocía en un artículo publicado en 1966 que «once días después de que Hitler aprobara el plan definitivo de la guerra contra la Unión Soviética –lo cual sucedió el 18 de diciembre de 1940– toda la información y los datos principales de la resolución del mando alemán estaban en manos de nuestros servicios de inteligencia».

Los spetsnaz

El Consejo Militar Revolucionario del Ejército Rojo, entonces dirigido por León Trotsky, creó oficialmente el GRU el 5 de noviembre de 1918 con la idea de coordinar la labor de las distintas agencias de inteligencia de las fuerzas armadas. Se convirtió así en uno de los «órganos especiales», eufemismo empleado desde la época soviética para denominar a este tipo de servicios.

Dotado de especial secretismo, su existencia fue desconocida para las agencias de inteligencia extranjeras durante decenios y aún hoy se ignora prácticamente todo sobre su estructura, presupuesto u operaciones, más allá de algunos detalles como su responsabilidad en armamento y amenazas nucleares o el hecho de que de este departamento dependen los comandos rusos más elitistas: los *spetsnaz* (*Spetsiálnogo Naznachéniya* o *Unidad de operaciones especiales*). Los *spetsnaz* fueron creados en 1950 y desde entonces han intervenido activamente en distintos conflictos como Chechenia, Georgia o Afganistán, aunque algunos expertos señalan que en los años treinta ya existían unidades especiales que pueden considerarse como sus antecesores. Uno de estos grupos habría sido destinado a España para apoyar a los republicanos durante la Guerra Civil de 1936/1939, donde protagonizarían acciones como el descarrilamiento y destrucción de un tren de transporte militar en el que viajaban tropas italianas cerca de Córdoba a principios de 1937.

Al final de la guerra civil, parte de los combatientes del GRU escaparon de España apoderándose de un barco con el que navegaron hasta Argelia, desde donde regresarían a la Unión Soviética. Al menos cuatro de ellos habrían actuado mucho después, a finales de los años cincuenta, con el ejército guerrillero con el que Fidel Castro organizó la revolución y derrocó a Fulgencio Batista en Cuba.

Se cree que la labor del GRU no se limita al área estrictamente militar sino que sus especialistas recogerían información y actuarían en muchos otros campos de interés, especialmente el económico y el tecnológico.

También se sabe que mantuvo una importante rivalidad con el KGB (*Komitet Gosudárstvennoy Bezopásnosti* o *Comité para la seguridad del Estado*). Sin embargo, tras el desmoronamiento de la URSS, el KGB desapareció al fracturarse en distintas agencias, mientras que el GRU ha seguido trabajando con su discreción e independencia habituales, manteniendo su sede central en un complejo de edificios ubicado en Moscú y conocido con el nombre de Acuario. De hecho, es el único «órgano especial» que no ha cambiado formalmente, que se sepa, desde la fecha de su creación hasta el día de hoy.

Durante los meses siguientes, el jefe del GRU informó de manera regular a Stalin acerca de la concentración de tropas alemanas, así como del traslado de armas y municiones, cerca de las fronteras soviéticas. Consiguió averiguar incluso los apellidos de los principales oficiales alemanes en la zona. Sin embargo, cada vez que se le preguntaba si Alemania podría desencadenar su ataque de manera inminente, Gólykov lo negaba porque las tropas del Reich todavía no estaban a su juicio preparadas para ello. Desestimó la posibilidad del ataque alemán prácticamente hasta que éste se produjo.

Cuando comenzó el 22 de junio de 1941, la Operación Barbarroja tomó por sorpresa a todos los mandos de la URSS, cuyos ejércitos fueron derrotados ampliamente por la *Blitzkrieg*. A primera vista, aquello parecía un monumental error de Gólykov, que podría haber acabado con su carrera y con su vida, como había sucedido con sus predecesores…

Pero no fue así: en julio de 1941 viajó al Reino Unido y EE.UU. con instrucciones personales de Stalin y, luego, regresó y dirigió ejércitos en distintos frentes antes de volver a instalarse en su antiguo despacho del GRU. En 1943, fue ascendido al cargo de subcomisario del pueblo para la Defensa y responsable de la selección de personal: un puesto que mostraba el elevado grado de confianza que Stalin ha-

Unidades de la Wehrmacht avanzan por territorio soviético.

bía depositado en él, pues le había sido negado a otros nombres más conocidos del poder soviético como Lavrenti Beria. Incluso tras la muerte de Stalin, Gólykov siguió ascendiendo y llegó a ser mariscal de la URSS.

Entonces, ¿se equivocó o no?

En realidad, no. Por eso no fue castigado. Gólykov tuvo perfectamente informado a Stalin acerca de los movimientos y las concentraciones de tropas germanas junto a las fronteras soviéticas y su análisis era correcto: el ejército alemán no estaba preparado todavía para desencadenar la guerra. Aún así, Adolf Hitler firmó la orden de ataque y eso no podía haberlo previsto ni él, ni Stalin, ni nadie desde un punto de vista lógico.

Para entender la manera de trabajar de los servicios de inteligencia hay que tener en cuenta que sus agentes no se dedican sólo a espiar al enemigo para fotografiar o interceptar sus documentos secretos sino que invierten más tiempo y esfuerzo en analizar datos relacionados con el área particular que están investigando para extraer tendencias y poder así adelantar acontecimientos. Por ejemplo, cualquier intento de invasión de Rusia es completamente irrealizable sin tener en cuenta la inmensidad física del país y las condiciones meteorológicas que soporta, aparte de la desastrosa red de infraestructuras y comunicaciones de la que disponía en la época de la SGM.

Así, todos los espías del GRU en Europa recibieron varias órdenes en apariencia absurdas. Una de ellas era recopilar regularmente toda la información relacionada con la población de corderos en el viejo continente: cuántos animales había, en qué países, cuántos se consumían y dónde, cuánto costaba la carne de cordero en los mercados... Otra orden llevó a los agentes secretos a actuar como traperos recogiendo los harapos y papeles usados y abandonados por los soldados alemanes en los lugares donde limpiaban y engrasaban sus armas al menos una vez al día, para luego enviar este material a Moscú.

Gólykov sabía que, por muy rápido que penetrara la *Blitzkrieg* en caso de que su ataque tuviera éxito en la URSS, el «general invierno» haría acto de presencia más temprano que tarde y nadie en su sano juicio organizaría una ofensiva en serio sin haber preparado a su ejército para las duras condiciones invernales. Por eso, los soldados alemanes necesitarían, entre otras cosas, abrigos de piel de cordero: él calculaba que unos seis millones de prendas. Pero, además, precisarían ropa interior abrigada, guantes, gorros... Sus espías le habían confirmado que la Wehrmacht no contaba con ninguna división equipada adecuadamente en ese sentido por lo que, si Hitler decidía atacar, previamente tendría que ordenar a la industria que fabricara toda la ropa necesaria para que sus hombres no se murieran de frío camino del frente. El sacrificio de los corderos necesarios incidiría de manera espectacular en los precios de mercado, tanto de su carne –que descendería– como de sus pieles –que subiría– y eso nunca llegó a suceder.

Es más, si no querían que sus armas se congelaran y encasquillaran y por tanto no sirvieran para disparar a las bajas temperaturas habituales en territorio ruso, los alemanes necesitarían un aceite especial para engrasarlas que el constante análisis de sus trapos y papeles usados mostraba claramente que no utilizaban. Hasta que los soldados no cambiaran de lubricantes, no había motivos realmente para alarmarse pues un jefe militar puede estar lo bastante loco para enviar a su ejército al combate sin la ropa adecuada pero no sin armas que disparen.

Lo mismo sucedía con otro tipo de indicadores como el combustible empleado para los tanques, los aviones, los camiones y demás vehículos de guerra y transporte. El que seguían utilizando los alemanes tampoco serviría de nada con las frías temperaturas invernales puesto que se congelaba cuando el termómetro descendía entre 10 y 14 grados bajo cero, mientras que la temperatura media en invierno en Rusia es de 20 grados bajo cero, como bien sabía el alto mando germano.

El GRU recogió todo tipo de informaciones de este tipo: la Wehrmacht no poseía, ni nada indicaba que fuera a recibirlas en breve, cantidades masivas de estufas portátiles, esquíes, uniformes de camuflaje de invierno, baterías eléctricas resistentes al frío, calentadores de agua y un sinfín de elementos logísticos sin los cuales nadie podría decir que estaba preparado para atacar, por muchas ganas que tuviera de hacerlo. Sería como ir a la guerra al desierto sin agua, protectores solares y ropa adecuada para altas temperaturas. La conclusión de Gólykov era correcta y por tanto no se equivocó.

Algunos historiadores argumentan que Hitler lanzó la Operación Barbarroja con la idea de terminar la guerra en sólo tres meses pues pensaba que en ese corto espacio de tiempo habría derrotado a los soviéticos. Habría sido por esa razón por lo que su ejército carecía del

El ejército alemán no estaba preparado para resistir al «general invierno».

equipo necesario para el frío y, después de que a primeros de octubre cayeran las primeras nieves, toda su ofensiva terminó congelándose a las puertas de Moscú.

Este argumento sí que es un gran error. Alemania atacó a Polonia el 1 de septiembre de 1939 y las últimas unidades del ejército polaco se rindieron el 6 de octubre. Si para resolver una victoria tan fácil como fue la de la batalla con la que comenzó la SGM se había necesitado poco más de un mes, ni al *Führer* ni a ninguno de sus generales se les pudo nunca pasar por la cabeza que un país tan gigantesco como Rusia pudiera ser conquistado en sólo tres meses, máxime cuando además la guerra en el frente occidental estaba lejos de haber terminado.

Incluso en el caso de que esta frágil teoría tuviera algún viso de realidad, hay que tener en cuenta que la idea del III Reich no era ir a la URSS, derrotarla y volverse a casa sino permanecer allí por un tiempo indefinido, inviernos incluidos, de acuerdo con los planes de expansión del *Lebensraum* o *Espacio vital*. Por tanto, hubieran necesitado igualmente la ropa de abrigo, los anticongelantes y todos los demás elementos para hacer frente a las bajas temperaturas.

El alto mando alemán era perfectamente consciente del riesgo que suponía lanzar la Operación Barbarroja en estas condiciones y aún así la desencadenó. En el próximo epígrafe veremos por qué.

La partida de ajedrez de Stalin

La mayoría de los estudios sobre la SGM señalan el ataque contra la Unión Soviética a finales de junio de 1941 como el principal error que habría cometido Adolf Hitler durante la SGM. A día de hoy resulta difícil explicar cómo pudo abrir el segundo frente en el Este mientras aún no había cerrado el primero en el Oeste, donde el Reino Unido podía resistir casi indefinidamente gracias a su superioridad naval y el apoyo de Estados Unidos. Esta decisión se explica a menudo con frívolos juicios de valor que hacen referencia a la «desmedida ambición», la «escasa capacidad estratégica» e incluso la «locura» que no pocos autores contemporáneos achacan al dirigente nacionalsocialista.

Sin embargo, los permisos concedidos para acceder a los gigantescos archivos documentales soviéticos de acuerdo con la política de *glasnost* (*apertura*) impulsada por el último presidente de la URSS, Mijail Gorbachov, permitieron a historiadores e investigadores acceder a un importante volumen de datos a la luz de los cuales la Operación Barbarroja adquiere un significado muy diferente al aceptado hasta ahora como más probable. El análisis de estos datos permitió al militar y oficial de la inteligencia soviética Vladimir Rezun publicar, con el seudónimo de Víctor Suvórov, varias obras sobre la SGM, la más reveladora de las cuales es sin duda *El rompehielos*, un texto de obligada lectura para cualquier persona que aspire a entender la SGM.

Este libro detalla con un magnífico y minucioso volumen de detalle la astucia, la paciencia y la capacidad de maniobra que demostró Stalin para preparar paso a paso el conflicto internacional con el que pretendía extender la revolución comunista a toda Europa. El dictador soviético se comportó como un experto jugador de ajedrez, cuyo tablero de juego fue el Viejo Continente y sus piezas, los líderes políticos y militares de los países en conflicto. Para ello, no dudó en utilizar a Adolf Hitler como «rompehielos» de un plan de conquista, sólo en apariencia complejo y a la postre irónicamente frustrado por el propio *Führer*.

Hitler versus Stalin

Los libros, artículos o programas de televisión que citan a Hitler suelen mostrarnos el mismo tipo de imágenes: rostro serio y ceño fruncido, actitud agresiva o de alerta, a menudo expresándose en mítines donde su histrionismo y su oratoria le convertían en un espectáculo humano. Sin embargo, existen multitud de fotografías e incluso filmaciones que generalmente no se exhiben al gran público en las cuales ofrece una imagen muy diferente: sonriente y relajado, diplomático con gentes de otros países, amable con sus conocidos, agasajando a invitados de todo tipo, acariciando animales o jugando con los hijos de sus amigos.

Al contrario, los mismos libros, artículos y programas de televisión siempre nos ofrecen fotografías de Stalin en las que éste aparece sereno, trabajando con tranquilidad e incluso sonriendo: un verdadero icono de amabilidad que consagró la imagen del «padrecito Stalin» que aún conservan en su memoria los cada vez más escasos supervivientes de las antiguas repúblicas soviéticas. Nunca vemos fotos donde se le muestre enfadado, rabioso o amenazante.

Lo chocante de esta comparación es precisamente que no resulte chocante... Los defensores del comunismo a menudo lo describen como una «ideología de paz» cuyos crímenes deben achacarse a errores y excesos de sus dirigentes y no a su propia naturaleza política. Ignoran u olvidan que los fundadores de esta doctrina lo consideraron desde el primer momento como la base de una revolución destinada a aniquilar y sustituir por la fuerza el sistema político, económico, social y religioso de Occidente, fruto de la evolución histórica de incontables generaciones. El comunismo fue concebido como un arma, incapaz de convivir de manera pacífica con ideologías distintas, si no era forzado por las circunstancias.

En 1916, el propio Lenin auguró en su manuscrito *El programa militar de la revolución proletaria* que ésta llegaría *«a consecuencia de la segunda guerra imperialista»* que en su opinión se desencadenaría una vez finalizara la PGM, en curso en aquellos momentos. En sus planes, la primera guerra era «imprescindible» para asentar la revolución en Rusia y transformarla en la URSS y, una vez asegurada esta fase, había que pasar de inmediato a la segunda guerra.

Las publicaciones de Trotski tampoco dejaban lugar a dudas cuando escribía que «el camino (para desatar la revolución) a París y Londres debe pasar por Afganistán, Punjab y Bengala» o, lo que es lo mismo, fomentar la rebelión dentro del propio Imperio Británico, así como del Francés, para debilitar a sus respectivas metrópolis. Además, se mostraba parti-

La prensa de la época caricaturizó el acuerdo entre alemanes y soviéticos en chistes como éste en el que Hitler y Stalin imitan grotescamente el famoso encuentro del periodista Henry Stanley y el médico David Livingstone.

dario de ir hacia un escenario que se haría realidad veinte años más tarde: «el antagonismo entre Japón y EEUU crearía para nosotros un contexto favorable (…) podríamos contar incluso con el apoyo directo de los canallas de Washington en la lucha contra Japón».

En diciembre de 1920, Lenin insistió en el tema durante su discurso ante la sesión solemne del Soviet de Moscú al anunciar que «hemos terminado un período de guerras y debemos prepararnos para el segundo» porque otro conflicto similar a la PGM «es inevitable» debido a la «misión de las incursiones liberadoras del proletariado».

Cuando Stalin llegó al poder y asumió el cargo de secretario general del Comité Central del Partido Comunista de la URSS en 1922, no hizo más que seguir las directrices de sus predecesores. Su plan consistía en hablar oficialmente de paz y buena vecindad, mientras en secreto fortalecía el ejército soviético hasta convertirlo en el más poderoso del mundo. Al tiempo, animaba la revolución en «los países capitalistas» y de paso les azuzaba para que se enzarzaran entre ellos y se debilitaran en disputas interminables. Una vez estuvieran agotados, sería el momento de intervenir.

En 1925, el propio Stalin se sumó públicamente al *mantram* soviético repetido una y otra vez de que la SGM era inevitable y, de la misma forma, también la participación de la URSS. En sus propias palabras: «en Europa va a empezar una guerra y que todos se pelearán con todos es absolutamente indudable». De la misma manera anunció sus intenciones: «nosotros también tendremos que entrar, pero lo haremos los últimos, para poner el peso decisivo sobre la balanza y que ésta se incline a nuestro favor».

La hipótesis más osada del estudio de Suvórov, y sin embargo plausible a tenor de la multitud de indicios recopilados, es que Hitler y sus partidarios recibieron apoyo secreto de la URSS para alcanzar el poder y volver a fortalecer Alemania porque así podría utilizar este país para desencadenar esa segunda guerra «imperialista» que desangrara a Occidente, antes de lanzar el Ejército Rojo a la «liberación» de toda Europa.

En este punto hay que recordar que Stalin nunca apreció ni a Hitler ni a ninguno de sus colaboradores. Simplemente, amaba el poder y aspiraba a permanecer en él hasta el último de sus días, por lo que su estilo personal de gobierno incluía la eliminación regular, incluso física, de sus rivales políticos apoyándose en todo tipo de aliados..., de los que luego se deshacía también. Así, Trotski fue el principal organizador de la Revolución en Rusia, creador del Ejército Rojo y su comandante en jefe, primer líder de la diplomacia soviética y principal aspirante a sustituir a Stalin en el poder..., hasta que éste se alió con Zinoviev y Kamenev para quitárselo de en medio. Pero luego hizo lo mismo con ellos tras granjearse el apoyo de Bujarin. Después le tocó el turno al mismo Bujarin…, y así sucesivamente.

Es por ello por lo que el dictador soviético se permitió el lujo de explicar con claridad en uno de sus escritos que la agitación revolucionaria en Europa occidental debía comenzar en Alemania, pues «el triunfo de la revolución alemana es la garantía del triunfo de la revolución internacional». En consecuencia, comenzó a mover sus fichas por el tablero y, en 1927, reconoció que la Comisión Alemana de la Komintern –la internacional comunista que coordinaba a partidos de esta ideología en distintos países para luchar por la aniquilación del capitalismo, la imposición de la dictadura del proletariado y la república internacional de los soviets–, había recibido el impulso de Zinoviev, Bujarin, Trotski, Radek y de él mismo para «apoyar una serie de decisiones concretas de ayuda directa a los camaradas alemanes en la toma del poder».

Sin embargo, la inesperada aparición y ascenso del nacionalsocialismo frustró sus primeros planes al arrebatar a los comunistas gran parte del voto de los descontentos alemanes durante el período de la enfermiza República de Weimar, el régimen político impuesto en Alemania tras la caída del Imperio y el exilio del Kaiser.

Quizá fuera entonces cuando Stalin decidió empezar a jugar a dos barajas porque un examen de la trayectoria de ambas fuerzas, en principio antagónicas –comunistas y nacionalsocialistas– revela una serie de inesperadas coincidencias en la manera de comportarse y en varios de sus objetivos de mayor interés. De hecho, no deja de ser significativo que el dictador soviético fijara una intentona comunista de golpe de Estado justo el mismo día en el que Hitler y los suyos ejecutaron su aparatoso *Putsch* de Munich: el 8 de noviembre de 1923. Ni unos ni otros consiguieron derrotar a la república, pero dejaron bien clara su debilidad.

Ahora bien, lo que sucedió después es mucho más interesante y las autoridades rusas sólo lo reconocieron oficialmente en 2003, casi 80 años más tarde: en 1925, Moscú comenzó a formar aviadores alemanes en secreto en la escuela de aviación de Lipetsk. Allí se entrenaron, en maniobras conjuntas con el ejército soviético, numerosos oficiales alemanes que luego pelearían en la Luftwaffe, empezando por el antiguo as de la PGM y futuro responsable del arma aérea alemana Hermann Göring. Fueron adiestrados en el mayor de los sigilos porque ni a rusos ni a alemanes les convenía que se hiciera público lo que sucedía: el Tratado de Versalles impedía esta instrucción militar. Hasta tal punto se mantuvo el secreto que los «invitados» que fallecían por accidente eran repatriados a Alemania en contenedores que oficialmente transportaban repuestos de automóvil y la verdadera causa de su muerte no se comunicaba ni siquiera a sus familiares. Aún más, los modelos de avión que se emplearon para esta formación inspirarían más tarde algunos de los diseños de cazas y bombarderos de serie de la Luftwaffe como el Heinkel He 45 o el Dornier Do 11.

Y Lipetsk no fue el único secreto compartido. En 1926, se puso en marcha en las afueras de Kazan una escuela de tanquistas donde acudieron también muchos militares germanos a aprender de sus colegas rusos el manejo de los, para entonces, más modernos prototipos de estos monstruos de acero que desempeñarían un importante papel en la guerra por venir.

Ignoramos cuantas escuelas más de adiestramiento militar secreto existieron en aquellos años pero, una vez revelada esta colaboración oculta, ya no resulta tan sorprendente la materialización de la jugada maestra de Stalin en su peculiar partida de ajedrez: la firma, el 23 de agosto de 1939, del Tratado de no agresión entre Alemania y la URSS, más conocido como el Pacto Ribbentrop-Mólotov por el nombre de los ministros de AA.EE. de ambos países: el alemán Joachim von Ribbentrop y el soviético Viacheslav Mólotov.

Además del acuerdo principal para no atacarse mutuamente ni integrarse en ninguna alianza que amenazara al otro, se explicitaba la intención de estrechar lazos económicos y comerciales. También se incluía un protocolo secreto adicional que fijaba los límites de influencia de ambos Estados en Europa con el compromiso de no intervenir en la zona ajena. Eso significaba el principio del fin para Polonia, un país que casi desde su renacimiento tras el final de la PGM se había dedicado imprudentemente a molestar a sus dos poderosos vecinos y que de acuerdo con lo firmado sería invadido al alimón por alemanes y rusos, que *a posteriori* se repartirían su territorio. El documento también cuestionaba el futuro nacional de otros países de la región –Finlandia y las repúblicas bálticas– así como el de la región rumana de Besarabia. Aunque este protocolo secreto fue descubierto y hecho público por el Reino Unido ya finalizada la guerra, no fue admitido como verídico por Moscú hasta 1989, 50 años más tarde.

En todo caso, el acuerdo generó una auténtica conmoción en toda Europa puesto que resultaba difícil creer que dos ideologías tan contrarias como el comunismo y el nacionalsocialismo pudieran ponerse de acuerdo para colaborar en nada, máxime cuando las proclamas y declaraciones de dirigentes tanto de un bando como de otro habían descalificado sistemáticamente a sus contrarios. Los europeos más ingenuos pensaron que era una especie de milagro que había evitado *in extremis* la nueva guerra mundial que casi todos barruntaban. Los seguidores más fanáticos de un lado y de otro cesaron de inmediato la propaganda contra el hasta ese momento enemigo oficial y la recrudecieron contra las democracias capitalistas, sin preguntarse demasiado por lo que estaba ocurriendo.

Alemania y la URSS atacaron de mutuo acuerdo Polonia bajo el amparo del Pacto Ribbentrop-Mólotov.

Aún así, los analistas políticos, tanto en los gobiernos como en los periódicos de Europa y EE.UU., continuaron sin dar crédito a lo que sucedía y, durante un tiempo, especularon con la verdadera razón de aquel pacto *contra natura*, sin llegar a conclusiones definitivas.

Gracias a este documento, Alemania y la URSS atacaron de mutuo acuerdo Polonia y, más tarde, Berlín no dijo nada acerca de la ofensiva soviética a Finlandia y su anexión de las repúblicas bálticas. Tampoco Moscú condenó la posterior invasión alemana de Yugoslavia y Grecia.

Sigue siendo uno de los hechos más destacables y a día de hoy faltos de explicación oficial –hay varias interpretaciones extraoficiales– que Alemania atacara Polonia y eso le supusiera la inmediata declaración de guerra por el Reino Unido y Francia, además de la condena universal desde entonces como «país agresor que comenzó la SGM», mientras que la URSS no sólo atacó también a los polacos sino también a los finlandeses, además de invadir y ocupar los territorios bálticos apoderándose de territorios en los que vivían más de 23 millones de personas..., y ni Londres ni París protestaron lo más mínimo por ello. Por cierto que las guerras del Ejército Rojo en aquella época no recibieron por parte del Kremlim el nombre de ofensivas o ataques sino «refuerzo de la seguridad en las fronteras occidentales».

La postura oficial de la propia Unión Soviética sobre a quién había que achacar la responsabilidad del comienzo de la SGM ha cambiado varias veces con el transcurso de los años:

* El 18 de septiembre de 1939, sólo un día después de que sus tropas invadieran el Este de Polonia, una nota oficial culpaba a este país por el desencadenamiento de hostilidades al convertirse en «una cabeza de puente (...) que podría suponer una amenaza para la URSS (...) por lo que las tropas soviéticas han cruzado la frontera para proteger la vida y los bienes de la población».

* El 30 de noviembre del mismo año, Stalin acusó directamente a través del diario *Pravda* a «Inglaterra y Francia por haber atacado a Alemania y asumir así la responsabilidad de esta guerra».

* El 5 de mayo de 1941, durante un discurso en una academia militar, Stalin incluyó por vez primera a Alemania entre el grupo de culpables.

* El 9 de febrero de 1946 el mismo Stalin dijo que en realidad todo había sucedido «como producto inevitable del crecimiento de las fuerzas económicas y políticas globales sobre la base del capitalismo monopolístico actual». Teniendo en cuenta que la URSS consideraba capitalistas a todos los países soberanos no soviéticos, semejante frase equivalía a echar la culpa a todos los participantes en la SGM menos a la propia Unión Soviética puesto que según los ideólogos comunistas «el baluarte de la paz, de la democracia y del socialismo estaba representado en aquel entonces por un solo estado, la Unión Soviética». Y esta idea fue defendida en los sucesivos mandatos de los líderes soviéticos, incluso en la época de Gorbachov.

Lo cierto es que apenas diez meses después de la firma del Tratado de no agresión germanosoviético, la barrera de Estados «colchón» que separaba a Alemania de la URSS y que dificultaba el enfrentamiento entre ambos países había desaparecido. Ambas potencias se miraban frente a frente desde el Océano Ártico hasta el Mar Negro. Semión Timoshenko, uno de los principales comandantes soviéticos, dijo entonces: «La URSS ha crecido notablemente y ha desplazado sus fronteras hacia el occidente... El mundo capitalista se ha visto obligado a ceder y a empequeñecerse, pero no seremos nosotros, los soldados del Ejército Rojo, quienes nos durmamos en los laureles y nos conformemos con lo conseguido».

De esta manera anunciaba las intenciones ocultas de Stalin: la Unión Soviética no se detendría allí sino que su objetivo era proseguir el avance hacia el oeste, ocupar cada vez más territorio, extender la revolución hasta que toda Europa, desde Cádiz hasta Cabo Norte, desde Galway hasta Atenas, fuera un inmenso soviet. Y, entonces, tomar un nuevo impulso para continuar «liberando a los pueblos» del resto del mundo. Comiendo una pieza del tablero tras otra, hasta ganar la partida de ajedrez no por rendición ni por simple derrota del rival, sino por su completa aniquilación. Ni un paso atrás, hasta la victoria final.

Tanque del tipo T-34. Este carro blindado estaba considerado por muchos expertos como el mejor de la SGM. No era el más poderoso ni el más mortífero, pero sí el más equilibrado y eficiente y una de las principales razones de las victorias soviéticas.

La URSS se rearma

Suvórov detalla que el plan de ataque por sorpresa contra Alemania recibió luz verde definitivamente en la reunión del Politburó del Comité Central del Partido Comunista del 19 de agosto de 1939. De manera significativa, el mismo día en el que comenzó la invasión germana de Polonia y pese al pacto Ribbentrop-Mólotov que en teoría relajaría tensiones, el Consejo Supremo de la URSS aprobó la ley de obligatoriedad del servicio militar. Luego, los soviéticos se dedicaron a «defenderse» de los países vecinos invadiéndolos y destruyendo así la franja de seguridad que suponía la existencia de estos Estados, hasta que llegó a compartir frontera con Alemania –en la Polonia ocupada–.

Mientras los diplomáticos soviéticos hablaban de paz y reconciliación, surgieron como setas nuevos ejércitos: 3, 4, 10 y

11 en Bielorrusia; 5, 6 y 12 en Ucrania; 7, 8 y 9 junto a Finlandia. De ellos, los ejércitos 6, 9 y 10 eran especiales pues disponían de seis cuerpos de combate cada uno, en lugar de los tres habituales, además del armamento más moderno. Sólo el 6, disponía de 460 tanques T-34 y KV, entre otros blindados. La previsión era que, al terminar de equiparse, cada uno de estos ejércitos especiales dispusiera de 2.350 tanques, 698 automóviles blindados, más de 4.000 piezas de artillería y lanzagranadas y más de 250.000 soldados y oficiales, además de una docena de regimientos de artillería pesada y unidades del NKVD. Ningún otro país del mundo tendría unidades tan poderosas. Cada uno de estos ejércitos especiales poseería la mitad de todos los tanques de la Wehrmacht y con máquinas de mayor calidad.

Según sus *Escritos*, publicados en 1947, Stalin empezó a preparar en serio su guerra de conquista europea tan pronto como en 1927 y desde el primer momento tuvo claro que para conseguir una victoria rápida y aplastante necesitaba, además de un ejército fuerte, estrangular los suministros de sus enemigos. Especialmente, el petróleo, que definía como «el nervio vital de la lucha de las potencias mundiales por la hegemonía, tanto en la paz como en la guerra». En su discurso de primeros de diciembre de ese año en el XV Congreso del Partido Comunista lo dijo en voz alta: «no se puede combatir sin petróleo, todo aquél que adquiera ventajas en este campo tendrá una mayor posibilidad de ganar la guerra que se avecina».

Por eso la primera fase de la ofensiva estaba destinada a arrollar a Alemania colapsando su sistema de suministros petrolíferos. Es decir, atacando los poco protegidos oleoductos de Rumanía, que eran los que abastecían a los alemanes. Con Francia derrotada y EE.UU. de momento fuera del conflicto, Stalin esperaba que Hitler se decidiese a lanzar una operación de invasión del Reino Unido. Una vez estuviera ocupado en el oeste, sería el momento de poner en marcha su propia «guerra relámpago soviética».

En este punto, Stalin cometió uno de sus pocos errores en la partida de ajedrez: la ocupación de Besarabia en 1940. El antiguo Imperio ruso había bautizado con este nombre la parte este del principado de Moldavia, que las tropas zaristas habían arrebatado por las armas al decadente Imperio otomano en 1812. El resto de Moldavia, unido con Valaquia, terminó por formar el reino de Rumanía en 1859. En la fase final de la PGM, Rusia perdió el control sobre Besarabia, que se unió a Rumanía. En el Pacto Ribbentrop-Mólotov, se contemplaba dejar manos libres a la URSS para reinstaurar, cuando así lo deseara y obviamente por la fuerza, la soberanía rusa en la zona.

Stalin envió el IX ejército soviético a ocupar la región en junio de 1940 e instaló sus barcos en el delta del Danubio. Esto alertó a los alemanes acerca de sus intenciones ocultas. En julio del mismo año, Hitler expresó por primera vez sus dudas sobre las intenciones de la URSS, que podía resultar un vecino «muy peligroso» si Alemania concentraba sus tropas en el oeste para invadir el Reino Unido. Su alarma creció cuando pidió formalmente al Estado «amigo» que retirara sus soldados de Rumanía y no recibió contestación de Moscú.

El dictador soviético pecó de impaciencia, pues debió haber esperado a que los germanos atacaran a los británicos antes de moverse hacia Rumanía. También pecó de excesiva prudencia: ya que se había instalado en Besarabia, le habría ido mejor si hubiera continuado conquistando todo el territorio rumano. Esto equivaldría a declarar la guerra a Alemania pero también a ganarla en corto plazo, teniendo en cuenta tanto el factor sorpresa como el hecho de que la Werhmacht y la Luftwaffe se quedarían inmovilizadas al verse privadas de combustible. Al quedarse a medias, Hitler pudo reaccionar.

El 5 de mayo de 1941, tras un discurso de Stalin ante los graduados de las academias militares, uno de los generales presentes brindó por el carácter pacífico de la política exterior soviética y su líder le contradijo: «hemos rearmado a nuestro ejército (...) ahora que somos más fuertes podemos pasar de la defensa al ataque (...) abandonar la defensa pasiva y adoptar una política de invasión. Hemos de imprimir a nuestra educación, nuestra propaganda, nuestros medios de comunicación y divulgación un carácter ofensivo». Pocos días después, la agencia de noticias japonesa Domei Tshushin emitió un teletipo comunicando que los soviéticos estaban concentrando tropas «masivamente» en sus fronteras occidentales.

Según la documentación manejada por Suvórov, los preparativos finales para atacar por la espalda al III Reich se tomó el 13 de mayo de 1941. Al día siguiente se ordenó la expulsión de todos los civiles de las regiones occidentales del país y se empezó a preparar el terreno para acoger de manera organizada a las inmensas columnas de tropas, armamento, municiones y pertrechos que a partir del 13 de junio comenzaron a afluir hacia las fronteras. El 10 de julio todos los ejércitos de «liberación» debían estar ya concentrados y en estado de alerta en la frontera a la espera de la orden para iniciar la ofensiva.

La idea era iniciar un doble ataque: contra Rumanía para apoderarse y/o destruir sus campos petrolíferos y, con ellos, el abastecimiento de crudo para Alemania y contra el propio III Reich, expulsándolo primero del territorio polaco y luego empujándolo progresivamente hacia el oeste mientras el Ejército Rojo implantaba la revolución comunista en todos los territorios que fuera conquistando.

A pesar del secretismo con el que Stalin movilizó a la URSS para lanzar su ataque, fue materialmente imposible ocultar aquel masivo traslado de tropas y equipo, sobre todo tras la ocupación de Besarabia. Hitler llegó a la conclusión obvia de que los soviéticos habían decidido traicionarle, así que tomó la decisión de adelantarse a ellos y empezó a acumular, también con discreción, tropas, tanques, aviones y munición en su frontera este. Es curioso que para el comienzo del enfrentamiento germanosoviético el cuartel general alemán estuviera instalado cerca de Rastenburg en Prusia oriental y el soviético cerca de Vilna, la capital lituana: en el mismo paralelo geográfico y a idéntica distancia del frente.

Por supuesto que Hitler conocía el enorme riesgo, prácticamente un suicidio, de mantener una guerra a dos frentes, sobre todo cuando uno de esos frentes se desplegaba en un territorio inmenso, a caballo entre el continente europeo y el asiático. Él mismo escribió contra esa decisión en su libro *Mein Kampf* (*Mi lucha*) al analizar lo sucedido durante la PGM y, por más que deseara enfrentarse a la URSS, que consideraba como la expresión política de la dominación judía, no quería hacerlo antes de haber pacificado su frente occidental. Por ello había presentado reiteradas propuestas de paz al Reino Unido que fueron ignoradas por Churchill y por ello había dado orden de ignorar las provocaciones de Roosevelt con el fin de no implicar a EE.UU. también.

Sin embargo, como ya declararon algunos de sus generales durante los juicios de Nuremberg sin que nadie les hiciera caso, no le quedó otra opción que atacar antes de ser atacado, pues en caso contrario la derrota alemana habría sido rápida y contundente. Por ello no le dio tiempo a hacer grandes preparativos como había hecho Stalin, como por ejemplo reunir la necesaria ropa de invierno o los combustibles resistentes al frío extremo que precisarían sus tropas en el Este. Tendría que atacar con lo que tuviera a mano, fiándolo todo a la sorpresa y a la bravura de sus unidades y luego solucionar los problemas logísticos sobre la marcha.

Con los datos que consiguió recopilar, Hitler dedujo que la invasión soviética no se produciría antes de julio de 1941, así que firmó la Directriz 21 que fijaba como primera fecha de la Operación Barbarroja el 15 de mayo. Si había que atacar a la URSS con éxito, era preciso lanzar la operación entre finales de primavera y antes de que el otoño diera paso a las primeras nieves. Pero una serie de operaciones secundarias en la campaña balcánica retrasó la orden final para el ataque, que emitió finalmente el 17 de junio. Cinco días más tarde, las tropas alemanas traspasaron la frontera soviética.

Suvórov cree que Hitler «tuvo suerte» porque «si la operación se hubiera aplazado por segunda vez, en lugar de suicidarse en 1945 lo habría tenido que hacer en 1941». En su opinión, existen muchas pistas de que Stalin había dado el visto bueno al ataque soviético para el día 6 de julio de 1941, el último domingo antes de que se completara la concentración total de tropas, con el fin de desahogar las fronteras y permitir la llegada de los ejércitos del segundo escalón estratégico del Ejército Rojo.

El historiador británico sir Basil Henry Liddell Hart, explica en su imprescindible *Historia Militar de la SGM* los objetivos de la Operación Barbarroja: Alemania necesitaba defender a su aliada Rumanía, sobre todo a sus campos petrolíferos, y al mismo tiempo evitar un ataque sobre el territorio del Reich. En consecuencia se diseñó un ataque preventivo que, forzosamente, debía ser repentino y arrollador, introduciendo una cuña en el menor tiempo y a la mayor profundidad posible dentro de la URSS, idealmente hasta tomar Moscú, con la idea de que la caída de la capital rusa supusiera la rendición del enemigo.

En ese sentido, la operación fue un éxito pues no sólo provocó una espectacular derrota soviética en todos los frentes –todas las unidades desplegadas en ellos estaban a la espera de la orden de ataque y carecían de planes y de posiciones defensivas para hacer frente al asalto alemán, que no contemplaban como posible– sino que obligó al Ejército Rojo a retirarse y dejar de amenazar Rumanía. La Wehrmacht capturó así cientos de miles de prisioneros y se apoderó de inmensas cantidades de material bélico soviético, sin encontrar obstáculos para su avance porque el propio Stalin los había quitado de en medio.

No obstante, el avance no fue lo bastante rápido y los soviéticos pudieron recuperarse a tiempo para organizar férreas líneas defensivas que clavaron a la Wehrmacht a cincuenta kilómetros de Moscú. Con la *Blitzkrieg* agotada, empezó el sufrimiento del ejército alemán, que durante el invierno de 1941 sintió en sus carnes la carencia del equipo necesario para luchar contra el eterno aliado ruso: el invencible «general invierno». La guerra preventiva no tuvo una continuación adecuada porque faltaron tiempo y recursos para ella, porque de hecho Alemania no se había preparado para la invasión de la URSS, y las unidades germanas siguieron adelante a golpe de improvisación. De hecho, la obsesión de Hitler de apoderarse a cualquier precio del Cáucaso y en especial de Stalingrado tenía mucho que ver con el hecho de que esa región era la más rica en petróleo de la URSS y esa ciudad, su principal centro de distribución.

Suvórov concluye su libro admitiendo que Hitler cometió «un error garrafal» pero no el 21 de julio de 1940 cuando ordenó la preparación de la Operación Barbarroja ni el 21 de junio de 1941 cuando le dio luz verde sin haber ganado todavía la guerra en el Oeste, sino antes: el 19 de agosto de 1939 cuando decidió firmar el Pacto Ribbentrop-Mólotov porque, al consentir el reparto de Polonia, Hitler «hizo

Unidades soviéticas durante una escaramuza en la batalla de Stalingrado.

que la guerra contra Occidente se volviera inevitable». La invasión de la URSS «no era ningún error, sino un intento de reparar uno que se había cometido antes, pero ya era tarde: la guerra había empezado en dos frentes a la vez y ganarla era imposible». Es más, la ocupación de Moscú, aunque se hubiera concluido con éxito a finales de 1941, no habría resuelto el tema, pues quedaba por delante un territorio tan grande que resultaba imposible de conquistar, con instalaciones industriales gigantescas y recursos humanos y naturales descomunales.

Stalin ayudó a Hitler a subir al poder y a fortalecerse en él en Alemania pero «luego le engañó como a nadie habían engañado en el siglo xx» pues sólo lo quería para emplearlo como punta de lanza en la futura guerra con la que pretendía conquistar, literalmente, toda Europa para la URSS. Un buen indicio de su forma de actuar fue la misma invasión de Polonia. Tras el Tratado de no agresión, los soviéticos debían haber atacado a los polacos desde el este al mismo tiempo que los alemanes lo hacían desde el oeste, pero el Kremlim ordenó demorar su propio ataque dos semanas y dejó así que Alemania cargara en exclusiva con el sambenito de país agresor.

En 1937, desde su exilio en México tras perder la pugna por hacerse con el poder en la URSS, Trotski, que conocía muchos de los planes de su antiguo compañero de revolución, había escrito: «sin la política de Stalin, jamás se habría conseguido la victoria de Hitler en Alemania» y, dos años más tarde, antes de que nadie pudiera imaginar la firma del Tratado de no agresión germanosoviético, advirtió de que «Stalin ha desatado definitivamente las manos tanto a Hitler como a sus opositores y así ha arrastrado Europa a la SGM (...) ahora la URSS en toda su dimensión se aproximará a las fronteras alemanas justo cuando el Tercer Reich esté plenamente enfrascado en la lucha por la hegemonía mundial». En marzo de 1939, Stalin ordenó asesinar a Trotski para evitar que siguiera adelantando acontecimientos con la información de la que disponía, aunque el crimen no pudo ser consumado hasta agosto de 1940 a manos del comunista barcelonés Ramón Mercader.

En la imaginación de Stalin y de sus principales generales como Zhukov, el gran plan a desarrollar con ayuda de Hitler consistía en azuzar el conflicto en el oeste hasta que los tanques alemanes y el grueso de la Wehrmacht y la Luftwaffe se lanzaran al desembarco y conquista del Reino Unido, dejando en el continente apenas algunas unidades de retaguardia, los SS, los cadetes de las academias militares y los guardafronteras para vigilar a las vencidas Polonia, Checoslovaquia, Dinamarca, Holanda, Bélgica, Luxemburgo, Noruega, Yugoslavia, Francia, Grecia y Albania. Todos estos países se habían quedado sin gobiernos, parlamentos y partidos políticos propios y sólo algunos de ellos contaban con grupos de resistencia casi simbólicos. Sus derrotados ejércitos nacionales habían quedado reducidos a la mínima expresión y millones de personas estaban recluidas en campos de concentración. La democracia habría demostrado su debilidad y toda Europa estaría esperando que alguien la «liberase»...

Entonces, y sólo entonces, sería el momento de desatar el tsunami revolucionario y lanzar las decenas de miles de aviones soviéticos, los cinco cuerpos de ejército aerotransportado, los miles de carros blindados, las divisiones y ejércitos enteros del NKVD y el resto de unidades que Moscú había estado equipando, entrenando y acumulando en sus fronteras occidentales para arrollar todo lo que encontraran a su paso y extender junto con ellas la revolución comunista, que sería bienvenida en los sucesivos países de donde fueran desalojados los nacionalsocialistas.

Sin embargo, Hitler descubrió la traición de Stalin y, a la desesperada, se adelantó a ella. De esta manera, el dictador soviético perdió inesperadamente varias de las piezas de su ajedrez y vio frustrados sus planes iniciales, obligado a afrontar no la guerra que había planeado sino otra muy diferente. El resultado final fue que, concluida la SGM, la URSS era el único país del mundo que no había perdido ni un solo kilómetro cuadrado de su territorio: al contrario, había extendido sus dominios..., pero tan solo hasta la mitad de Europa.

A partir de ese momento, sus antiguos aliados contra Alemania pasaron a ser sus nuevos enemigos en la recién nacida guerra fría. El comunismo perdió su atractivo inicial y, con el tiempo, terminaría por desmoronarse como opción política razonable. No obstante, y como indica Suvórov, «Polonia, por cuya libertad había entrado en la guerra Occidente, no fue liberada sino entregada a la esclavitud de Stalin, junto con Europa Central, incluida parte de Alemania. Y pese a ello, los ciudadanos occidentales siguen creyendo que sus países ganaron la SGM (...) Stalin se convirtió en señor de un inmenso imperio occidental edificado con la ayuda de Occidente y, para colmo, logró conservar la reputación de un bobalicón ingenuo que se había dejado engañar por Hitler, a la vez que éste entró en los anales de la historia como un ogro malvado.»

La partida había concluido, pues, con una victoria incompleta y tocaba empezar a planear una nueva partida de ajedrez, ahora contra los Estados Unidos y sus aliados...

4.

Peripecias orientales

Arthur Percival y los cañones de Singapur

Arthur Ernest Percival no fue un gran estudiante y tampoco destacó en el mundo laboral pero, cuando estalló la PGM, no dudó en alistarse en el ejército británico. En 1916, sobrevivió a la brutal batalla del Somme, en la que morirían más de un millón de soldados de ambos bandos y donde también fue condecorado por su valor, aunque al precio de resultar herido de gravedad. En 1917, como teniente coronel al mando de un batallón, también fue condecorado durante la segunda batalla del Marne y, más tarde, recibió la Orden de Servicios Distinguidos con mención especial a su capacidad de mando, sus conocimientos tácticos y su moral. Al finalizar el conflicto, su brillante hoja de servicios demostraba que había encontrado su vocación en la carrera de las armas.

Sin embargo, Percival era humano y también tenía sus partes oscuras. En 1920, se convirtió en el oficial de información del I Batallón del Regimiento de Essex en Kinsale, en Irlanda, unidad que luchó contra el Ejército Republicano Irlandés (IRA) y a la que se acusó de emplear la tortura y la brutalidad en su pulso contra los guerrilleros que buscaban la independencia de Eire respecto al Imperio Británico. En julio de aquel mismo año, sus tropas capturaron a Tom Hales, el jefe del IRA en West Cork, y a Patrick Harte, su lugarteniente. Investigadores irlandeses han descrito los suplicios que Percival ordenó aplicar a Hales y Harte para arrancarles información: desde desnu-

A.E.Percival llega a Malasia en calidad de teniente general.

darles para golpearles con bastones hasta arrancarles las uñas una por una. Hales consiguió sobrevivir pero Harte, con graves secuelas, fue enviado a un hospital psiquiátrico, donde falleció. Cuando esto se supo, el IRA ofreció una recompensa de 1.000 libras esterlinas por el asesinato de Percival, que logró esquivar un par de atentados contra su persona.

El militar británico aprovechó su experiencia irlandesa para hacer amigos que posteriormente le ayudarían en su carrera, como Bernard Montgomery, que sirvió en su misma brigada. También conoció a David Lloyd George y a Winston Churchill.

Ascendido a coronel, fue enviado entre 1936 y 1938 a Malasia, donde tuvo la oportunidad de examinar por primera vez las fortalezas y debilidades de Singapur, la colonia más importante del Imperio Británico en el sureste asiático, ante una posible amenaza de Japón. Después regresó a Gran Bretaña donde, protegido por el general Dill, llegó a brigadier del Estado Mayor del I Cuerpo de Ejército británico de la Fuerza Expedicionaria Británica, que actuaba como su protector. Con este rango, comenzó la SGM y asistió al desastre de Dunkerque, además de participar en la organización de la defensa costera inglesa ante una posible invasión alemana.

En mayo de 1941, sus superiores pensaron en su experiencia para encomendarle por primera vez en su vida el mando de un Cuerpo de Ejército y fue nombrado teniente general de las tropas británicas en Malasia. De acuerdo con sus memorias, marchó a Singapur, su cuartel general, consciente de las dificultades de defender un puesto tan alejado de la metrópoli, con tropas que siempre parecían demasiado exiguas y de baja calidad y cuyo principal plan defensivo se basaba en resistir cualquier ataque a la espera del auxilio de una flota de la Royal Navy.

Singapur era un puerto estratégico en la región al menos desde el siglo XVI, al comunicar las rutas navales del Océano Índico con las del Pacífico. Varias potencias se disputaron su posesión hasta que el Imperio Británico consiguió instalarse en 1824, gracias a la Compañía de las Indias Orientales. En 1912, Singapur adquirió el *status* oficial de colonia y se convirtió en una de las tres bases británicas en suelo extranjero más importantes para el Imperio, junto con las de Gibraltar y Suez.

En condiciones normales, las defensas de la isla tal vez fueran suficientes para mantener el control con cierta holgura pero, cuando Japón comenzó su expansión en la zona engullendo territorios en todo el sur de Asia –incluida la entonces colonia francesa de Indochina–, Percival temió que todo se complicara más de lo esperado..., como así fue.

Lo cierto es que el teniente general no supo resolver los problemas defensivos a los que se enfrentaba. Fue sobrepasado por la combinación de distintos desafíos: su falta de entendimiento con algunos de sus superiores y, a la vez, con sus mandos subordinados; su negativa a construir defensas fijas en los territorios del fronterizo sultanato de Johor o la costa norte de Singapur; su decisión de desperdigar sus tropas por todo el contorno de la isla pero con especial obsesión en proteger la costa noreste pensando que el único ataque viable llegaría por ahí o los problemas con las unidades que se habían desplazado desde la India, debido al creciente activismo nacionalista en este país.

Uno de los principales errores del sistema de defensa, que Percival no supo enmendar, fue el de sus baterías artilleras. Los estrategas británicos consideraron, de forma equivocada, que Singapur sólo podía ser atacado desde mar abierto pues desechaban por inviable cualquier ofensiva a través del acceso continental. Por este motivo, no se preocuparon de instalar ningún cañón apuntando hacia allí. El teniente general no modificó este plan y el resultado fue que, al llegar los japoneses a la región, esa parte de la isla estaba desprotegida ante su avance.

Cuando el 1 de febrero de 1942 comenzó el asedio japonés a Singapur, las tropas del Imperio del Sol Naciente ya habían tomado 45.000 prisioneros británicos en su avance por Malasia, donde el XXV Ejército japonés comandado por el teniente general Tomoyuki Yamashita había desembarcado sólo una hora antes del ataque sobre Pearl Harbour, en diciembre de 1941. La ofensiva nipona se sucedió con tal rapidez que a finales de enero de 1942 Percival ordenaba una retirada general hacia Singapur. El cerco a la colonia británica se combinó con otros movimientos como la ocupación de Mawlamyne en Birmania y los bombardeos de Port Moresby en Nueva Guinea y de Timor en las Indias Orientales Holandesas, además del desembarco en las islas Bismarck y en las Molucas.

Percival contaba con más de 85.000 soldados distribuidos en 38 batallones, con tropas británicas, australianas, indias y malayas. Era una fuerza importante, más que suficiente para defender la colonia y no sólo rechazar al enemigo sino para plantearse una serie de salidas escalonadas que permitiera derrotarlo, puesto que el ejército de Yamashita apenas alcanzaba los 30.000 hombres. Esta diferencia de prácticamente 3 a 1 concedía una sustancial ventaja a las tropas del Imperio Británico… El problema es que nadie en Singapur era consciente de ese dato.

Al contrario, el enorme despliegue geográfico de la ofensiva japonesa y su rápida sucesión de victorias en lo que fue bautizado como «la *Blitzkrieg* de las bicicletas» debido a la movilidad obtenida gracias a este medio de transporte y a los tanques ligeros que los británicos habían despreciado inicialmente, multiplicaba en la mente de Percival y de sus subordinados el número real de enemigos. Además, los desastres navales de la flota anglosajona en la región no invitaban al optimismo. Por todo ello, la decisión final fue la de atrincherarse en la isla.

Caballeros en el Pacífico

Para proteger Singapur, el Almirantazgo Británico formó la llamada Fuerza Z, al mando de Sir Tom Phillips, apodado «almirante Pulgar» por su baja estatura. Esta flota estaba inicialmente integrada por el portaviones *HMS Indomitable*, el acorazado *HMS Prince of Wales*, el crucero de batalla *HMS Repulse* y los destructores *HMS Electra*, *HMS Express*, *HMS Encounter* y *HMS Jupiter*. Varias averías dejaron al portaviones en el dique seco para reparaciones mientras el resto de buques partía hacia el Lejano Oriente.

Cuando comenzó el desembarco japonés en el norte de Malasia, Phillips dirigió la Fuerza Z a la caza de los convoyes del enemigo para interrumpir así sus líneas de suministro. Los ingleses zarparon a media tarde del 8 de diciembre pero no encontraron barcos enemigos. Sin embargo, ellos sí fueron detectados por un submarino nipón y el contraalmirante Sadaichi Matsunaga, comandante de la XXII Flotilla Aérea, ordenó a un centenar de sus aviones despegar y atacarles con torpedos. Además, un grupo de cruceros pesados puso proa a la posición facilitada por el submarino para ayudar en la batalla y con la esperanza de rematar el ataque aéreo que en un principio pensaron sería insuficiente para hundir los poderosos barcos británicos.

La Fuerza Z navegaba de regreso a Singapur cuando en la mañana del 9 de diciembre fue localizada por los aviones japoneses y comenzó la batalla. Los británicos confiaban en su formidable armamento antiáereo tanto como en la deficiente capacidad de bombardeo demostrada hasta el momento por sus enemigos, pero en poco más de dos horas los torpedos de éstos hundieron primero el *HMS Repulse* y luego el *HMS Prince of Wales.* Phillips, a bordo de este último, se fue a pique con él. Cerca de 850 marinos ingleses perecieron, mientras los japoneses perdían sólo cuatro aviones.

Los nipones permitieron a los destructores de la Royal Navy que recogieran a los supervivientes, en un gesto magnánimo que tuvo su continuación ritual en las dos coronas funerarias que al día siguiente arrojó un avión sobre la zona para honrar a los muertos de ambas nacionalidades. Esta actitud caballeresca no duraría mucho tiempo en la guerra del Pacífico.

La derrota de la Fuerza Z no fue la única que sufrieron los anglosajones. A finales de enero de 1942, una flota de invasión

El *HMS Prince of Wales.*

japonesa al mando del contraalmirante Takeo Takagi navegó hacia Macasar y Banjarmasin para apoderarse de ambas ciudades en el Estrecho de Macasar, en Indonesia. Con objeto de detenerla, el ABDACOM (Comando conjunto norteamericano-británico-holandés-australiano) envió su propia flota al mando del contraalmirante holandés Karel Doorman. De nuevo los aviones japoneses apoyaron a sus barcos y dieron la victoria al Imperio del Sol Naciente en lo que se llamó la batalla del Mar de Flores.

Durante la primera semana de febrero de 1942, la artillería y la aviación de Yamashita lanzaron un devastador bombardeo sobre los 565 kilómetros cuadrados de Singapur que, se calcula, mató a entre 150 y 200 personas diarias. Las unidades de la RAF destinadas en la isla sufrieron grandes pérdidas tanto de aparatos como de pilotos y, cuando se hizo evidente que su sacrificio total sería inútil dada la superioridad aérea enemiga, los últimos 8 cazas Hurricane que quedaban recibieron orden de marchar a otras colonias británicas en la zona para no ser destruidos ni caer en manos del enemigo.

Como estaba previsto, la carretera que unía Singapur con el continente fue volada con explosivos para evitar la invasión, pero la concentración de tropas enemigas hizo reflexionar a más de un militar británico acerca de los tan potentes como inútiles cañones de la defensa costera, pues todos apuntaban hacia el mar y no servirían para repeler un ataque desde el continente. Y, por si las cosas no estuvieran ya bastante mal, llegaron noticias del hundimiento de otro barco a manos de la aviación japonesa: el *RMS Empress of Asia*, un transatlántico modificado para servir como transporte militar artillado, que navegaba con rumbo hacia la base naval para aportar refuerzos y suministros.

En tiempos de paz, Singapur había adquirido cierta fama en el sur de Asia como lugar de diversión, con abundancia de mujeres y licores. Percival razonó que, con los japoneses atacando, sus hombres no tendrían tiempo ni ganas para aventuras sexuales pero sí podían caer en la tentación del consumo de alcohol. Para evitar este peligro, ordenó arrojar al agua los más de 25 millones de litros de bebidas alcohólicas que fueron encontrados y requisados en Singapur. La combinación en el canal de los distintos brebajes con el creciente número de cadáveres sin enterrar y el petróleo derramado al mar durante los combates dio como resultado un olor apestoso que en algunas zonas de la isla afectó tanto a atacantes como a defensores durante días.

Finalmente, tres divisiones japonesas de infantería –más de 20.000 soldados– se lanzaron al asalto de Singapur la noche del 8 al 9 de febrero desde el continente, a bordo de sus lanchas de desembarco y precedidos por una nueva e intensa andanada artillera. Atenazado por su errónea comprensión de lo que estaba sucediendo, Percival no movió un dedo para reforzar a las dos exiguas brigadas australianas que trataron de detener el asalto nipón cuando el enemigo desembarcó en la isla y tomó una cabeza de playa, y eso que la 18 División de Infantería británica esperaba mano sobre mano junto a la antigua carretera. Él seguía convencido de que aquél era un ataque de distracción y que la verdadera ofensiva llegaría en cualquier momento desde mar abierto.

Así fue como la pésima táctica defensiva de Percival condenó a Singapur pues, en lugar de hacer frente a la ofensiva de la infantería desembarcada, dejó que los nipones avanzaran aniquilando una por una a sus inmóviles unidades. En pocas horas, los japoneses llegaron a las mismas puertas de Singapur capital. La situación se volvió tan complicada que el Comandante Supremo de las fuerzas aliadas en Asia, el general Archibald Wavell, abandonó la isla a su suerte y fue evacuado rumbo a Java.

Churchill había encargado a Wavell que retuviera Singapur a cualquier precio y por ello había viajado a la isla para codirigir la defensa junto a Percival. Pero no sólo cometió las mismas equivocaciones sino que no tuvo el valor de acompañarle hasta el final. Aún más, demostró poca dignidad al exigirle, a él y a sus hombres, que hicieran lo que él no iba a hacer: su última orden antes de partir fue «deben luchar hasta el último aliento».

Los «invencibles» británicos

El 7 de enero Winston Churchill había escrito a Wavell en los siguientes términos: «...Percival tiene más de 100.000 hombres, de los cuales 33.000 son británicos y 17.000 australianos. Es dudoso que los japoneses tengan tantos hombres en toda la península malaya (...) los defensores deben ser mucho más numerosos que los japoneses que han cruzado el estrecho y, en una batalla bien planificada, deberían destruirlos. (...) es la oportunidad de escribir su nombre en la Historia. Los comandantes y los oficiales superiores deberán morir junto a sus soldados. El honor del Imperio Británico y del Ejército Británico están en riesgo. Confío en que usted no mostrará piedad ni debilidad en ningún aspecto (...) la total reputación de nuestro país y de nuestra raza están comprometidas...»

El primer ministro tenía razón: Percival disponía de fuerzas suficientes para frenar a los japoneses pero no supo comandarlas. Fue derrotado y, peor, humillado pues, según reconoció Churchill, su dirección militar desencadenó «el peor desastre y la mayor rendición de la historia británica». En toda la existencia del Imperio ninguna potencia extranjera había conseguido hacer tantos prisioneros como los que capturaría Japón en Singapur.

En cuanto a sus temores respecto al prestigio del Reino Unido y, en especial, a su futuro imperial, se demostraron muy fundados. Pese al resultado final de la SGM, la principal conclusión de la contundente campaña nipona en Malasia fue que un ejército asiático, bien dirigido y aun más pequeño, podía hacer frente con éxito e incluso dejar en ridículo al mejor ejército europeo.

No es casualidad que al final de la SGM se sucedieran los movimientos de independencia en las antiguas colonias europeas –sobre todo las inglesas y las francesas– en Asia y África, pues los pueblos de estos continentes habían asistido en directo al desmoronamiento del mito de la invencibilidad de las respectivas metrópolis.

Semejante estímulo no ayudaba al caótico panorama defensivo en una ciudad que estaba siendo reducida a escombros y que se quedó pronto sin agua y sin electricidad, con un creciente número de muertos en sus calles, el cielo lleno del humo de los incendios y los bombardeos y la muchedumbre tratando de abordar los barcos que quedaban para huir. Se multiplicaron los casos de saqueos e incluso deserciones entre las filas británicas. El 11 de febrero, el ejército nipón ocupaba los lujosos barrios occidentales, incluyendo sus campos de cricket y golf, así como su hipódromo. Según la leyenda, cuando los japoneses irrumpieron en el emblemático Hotel Raffles encontraron a algunos de los huéspedes bailando un último vals antes de la catástrofe final.

El perímetro defensivo británico se redujo más y más hasta quedar confinado apenas a unos 50 kilómetros. En la reunión del 15 de febrero entre Percival y sus oficiales, las malas noticias se amontonaban encima de la mesa: no quedaban alimentos ni prácticamente municiones, sobre todo tras la explosión del último depósito. Los soldados sólo disponían ya del agua que llevaban en sus cantimploras y se habían empezado a registrar las primeras bajas por enfermedades tropicales. No había nada que hacer: pese a las exigencias de Churchill y Wavell, se optó por la rendición.

Un soldado británico marchó con bandera blanca hasta las filas enemigas pero los japoneses exigieron escenificar la rendición para humillar al Imperio Británico internacionalmente: Percival junto a sus principales oficiales, la bandera blanca y la *Union Jack* deberían acudir a rendirse al cuartel nipón, ubicado para entonces en el punto más alto de la isla: la colina Bukit Timah. Haciendo de tripas corazón, el teniente general aceptó las condiciones y acompañado por sus hombres y por el teniente coronel japonés Ichiji Sugita acudió a firmar el documento de capitulación a las 18:10 de aquel mismo día ante el general Yamashita que a partir de aquel momento fue bautizado por los suyos como «el Tigre de Malasia».

Percival permaneció tres años prisionero en campos de concentración japoneses en distintos puntos de Asia. Sólo tiempo después se enteró de cuál había sido la última y más grave de sus equivocaciones en la caótica defensa de Malasia y Singapur. Los japoneses habían sufrido más de 13.000 bajas (de ellas, más de 9.600 muertos) frente a las 11.000 de los británicos y sus aliados (6.000 muertos) cuyos supervivientes (130.000) fueron conducidos también a distintos campos de concentración..., pero lo más importante era el teniente general había decidido rendirse, como suele decirse, cinco minutos antes de que los japoneses se plantearan seriamente suspender el ataque sobre Singapur.

El mismo día 15 de febrero, los artilleros nipones se habían quedado sin proyectiles para sus cañones y la infantería contaba con menos de 100 balas por soldado. A este agotamiento de municiones, sumaban el de sus víveres. El propio Yamashita reconocería más tarde que *«mi ataque en Singapur fue un engaño que funcionó* (...) *si hubiera tenido que pelear durante mucho tiempo podría haber sido derrotado, por eso necesitaba una rendición rápida* (...) *Temí durante toda la batalla que los británicos descubrieran nuestra debilidad numérica y nuestra falta de suministros...»*

Es decir: si los defensores hubieran decidido aguantar la posición, probablemente habrían asistido a una retirada japonesa en pocos días más. Eso, por no entrar a analizar cómo había sido posible que un ejército inferior en número –si bien muy superior en motivación y agresividad– arrollara literalmente la estrategia defensiva británica.

Sugita y sus soldados reciben a Percival y sus lugartenientes para conducirles ante el general Yamashita.

Poco antes de finalizar la SGM, Percival y otros prisioneros como el general estadounidense Jonathan Wainwright fueron localizados y liberados por un equipo de la OSS u Oficina de Servicios Estratégicos, el servicio de inteligencia norteamericano directamente antecesor de la actual CIA. Por ello pudieron convertirse en invitados y testigos de lujo de la firma del acta de rendición de Japón a bordo del acorazado estadounidense *USS Missouri* el 2 de septiembre de 1945. El general Douglas MacArthur entregó a Percival una de las plumas usadas para la firma como recuerdo.

Poco después, el teniente general británico asistió también a la rendición de las fuerzas japonesas en Filipinas, a donde viajó en compañía del mismo Wainwright. El general nipón responsable de aquellas tropas era el mismo Yamashita que le había derrotado en Malasia y que recibió con sorpresa a su antiguo prisionero. El 23 de febrero de 1946, Yamashita sería ejecutado en la horca tras un juicio calificado de «montaje» por historiadores como el holandés Ian Buruma, quienes creen que aquello fue una venganza personal de MacArthur contra un enemigo al que odiaba y envidiaba. De hecho, el antiguo «Tigre de Malasia» fue acusado injustamente de todo tipo de crímenes hasta el punto de que los jueces opuestos a la aplicación de la sentencia de muerte resumieron ésta como el resultado de un «linchamiento judicial sin las debidas garantías procesales». Por si quedaba alguna duda de la intencionalidad del proceso, su sentencia de muerte fue anunciada en el aniversario del ataque a Pearl Harbour.

Finalizada la SGM, Percival regresó a Gran Bretaña y pasó a situación de retiro en medio de severas críticas por su actuación en Malasia. Su mala fama quedó reflejada en un hecho concreto: los tenientes generales británicos recibían usualmente el nombramiento de caballero a su regreso de la guerra, pero él fue una excepción. Falleció el último día de enero de 1966.

Poon Lim y la equivocación racista

El 23 de noviembre de 1942, un submarino alemán, el *U-172*, torpedeó y hundió un mercante armado británico en pleno océano Atlántico, unas 750 millas al este del río Amazonas. El buque era el *SS Ben Lomond*, un vapor de 6.600 toneladas que hacía el viaje desde Ciudad del Cabo a la Guayana Holandesa cuando una tormenta le desvió de la ruta y lo puso en el camino del *U-Boot* germano.

Más de medio centenar de hombres, la mayor parte de la tripulación del *Ben Lomond* incluyendo a su capitán John Maul, perecieron en este ataque. Apenas cinco marinos lograron escapar a bordo de uno de los botes salvavidas y alejarse lo suficiente antes de que una gran explosión en el cuarto de calderas terminara de hundir el barco. Los náufragos fueron recogidos y hechos prisioneros por el submarino alemán.

Un sexto marinero se había salvado, aunque nadie le vio en ese momento: era un joven de 25 años llamado Poon Lim, natural de la ciudad de Hainan al sur de China, que se había enrolado pocos días antes en la tripulación, ansioso por viajar y ver mundo a pesar de los riesgos de la guerra. Para su fortuna, el torpedo impactó en la parte del casco opuesta al lugar donde se encontraba descansando en aquel momento, en un camarote de la cubierta superior. Cuando comprendió lo que había sucedido, agarró el primer salvavidas que encontró, se arrojó al agua y se puso a nadar frenéticamente para poner distancia entre él y el barco antes de que éste fuera tragado por las aguas y la succión le arrastrara con él al fondo del océano. Desde la distancia contempló cómo sus compañeros subían al submarino, pero estaba tan cansado y tan lejos que poco pudo hacer excepto mantenerse a flote.

La situación de Poon Lim era ciertamente desesperada, pero entonces tuvo un golpe de suerte al divisar lo único que había sobrevivido del *Ben Lomond*: una de las rústicas balsas de apoyo empleadas por su tripulación. Sacó fuerzas de flaqueza para nadar hacia ella y subirse a la tosca almadía cuadrada, de unos tres metros de lado y construida con listones de madera sobre bidones.

Además de proporcionarle refugio, aunque precario en la inmensidad del Atlántico, la balsa contenía un rudimentario equipo de supervivencia que incluía un recipiente de 30 litros de agua, latas de galletas, tabletas de chocolate, terrones de azúcar, bengalas, una linterna y un par de cuencos de aluminio. Todo aquello suponía la diferencia entre la vida y la muerte, máxime cuando unos días más tarde vio flotando en el agua una tela de arpillera que debía haber pertenecido al barco hundido. La rescató para utilizarla como toldo protector contra el sol. Además, la tela tenía atada una cuerda de cáñamo, la cual aprovechó para amarrarse a sí mismo a la balsa y no perderla si caía al agua durante los días de tormenta o mar agitada.

Pero los víveres se terminaron sin que hubiera sido rescatado y, a partir de la séptima semana de naufragio tuvo que empezar a aguzar el ingenio para alimentarse. Preparó un anzuelo con una de las piezas metálicas de su ya gastada linterna, utilizó la cuerda como sedal y su última galleta como cebo. La sardina que pescó la utilizó, a su vez, como nuevo cebo para pescados más grandes. Así se alimentó a partir de entonces, empleando las tapas de los botes de galletas como cuchillos improvisados para cortar y destripar sus capturas.

En cierto momento, vio bajo la superficie del mar un gran banco de peces. Con habilidad, capturó muchos de ellos. Se dio un banquete con algunos y puso el resto a secar para los días con menos suerte, pero el volumen de pesca había sido tan elevado que empezaron a pudrirse al sol. Entonces cometió el error de deshacerse de las vísceras y la sangre de una vez: al arrojarlo todo al océano, lo que hizo fue llamar a todos los tiburones de la zona, que acudieron prestos al banquete y luego se quedaron rondando alrededor de la balsa durante días, con lo que ahuyentaron a toda la pesca.

Poon Lim era hombre de recursos y tenía mucha hambre así que, si los tiburones no le dejaban pescar peces, pescaría tiburones. Fabricó un anzuelo más grande con uno de los clavos de su precaria embarcación y usó como cebo la última cabeza de pescado que le quedaba. Un escualo de más de un metro de longitud lo mordió y el náufrago lo subió de un tirón a la balsa, donde terminó con él a puñetazo limpio.

En cuanto al agua, tras terminarse la del bidón de supervivencia, sistematizó la recogida de lluvias. Le fue bien, hasta que una importante tormenta le dejó sin provisiones de ningún tipo y, a continuación, llegó un período seco.

Poon Lim posa en una réplica de la balsa que salvó su vida.

Hambriento, sediento y desesperado, descubrió la presencia de gaviotas y albatros sobrevolando la almadía, atraídos por los restos de pescado podrido. Entonces se escondió bajo la tela y se quedó quieto y callado, confiando en que alguno de aquellos pájaros fuera lo suficientemente valiente para posarse en su frágil nave. Así lo hizo finalmente un albatros y Poon Lim se abalanzó sobre él y, agarrándolo con fuerza, lo mató a mordiscos, salvajemente, bebiendo su sangre para calmar su sed y luego comiendo su carne para acallar su hambre.

Durante su décimoquinta semana de náufrago, un silbato marino le despertó. Entonces lo vio: un gran carguero norteamericano estaba muy cerca de su posición y de hecho se acercó hasta unos 50 metros de distancia. Eufórico, pensó que por fin había finalizado su calvario y se puso a hacer señas como loco para que le rescataran. En un primer momento el barco se dirigió hacia él y parecía que iba a recogerlo pero, al aproximarse, los marinos de a bordo se percataron de que era un oriental y cambiaron de opinión. El buque maniobró y, alejándose, le dejó de nuevo en soledad.

Según comentaría más tarde Poon Lim, le abandonaron a su suerte por un simple prejuicio racial. Y es que la guerra del Pacífico, que en aquellos días acababa de vivir el episodio de la batalla de Guadalcanal, había sobreexcitado a la opinión pública estadounidense contra los japoneses, pero también contra todos los asiáticos. Además, la mayoría de los norteamericanos era incapaz de diferenciar a un japonés de un coreano, un indonesio o un chino: cualquiera con ojos rasgados y piel cetrina era sospechoso de ser un cruel y astuto enemigo del Imperio del Sol Naciente.

Algunos investigadores aventuran que tal vez los marineros estadounidenses se negaron a rescatar a aquella persona necesitada de auxilio no por un acto de crueldad basado en el racismo sino porque pensaron que la balsa podía ser una trampa para atraerlos y ser torpedeados a placer por un submarino enemigo. En todo caso, Poon Lim les vio partir, desolado.

Las estrellas, mi destino

La aventura del náufrago chino inspiró una extraordinaria novela de ciencia ficción: *Las estrellas, mi destino*, más conocida por su título alternativo de *¡Tigre, Tigre!* Así lo reconoció su autor, el periodista, escritor y guionista de comic, radio y televisión Alfred Bester, considerado uno de los principales maestros del género pese a que sólo escribió dos grandes obras –la ya citada y *El hombre demolido*– y un puñado de relatos.

En la novela de Bester, el protagonista se llama Gully Foyle y es un mediocre mecánico espacial, cuya nave es atacada y queda a la deriva. Él es el único superviviente y malvive entre la chatarra cósmica durante varios meses hasta que aparece otra nave, que echa un vistazo pero no le recoge y le deja abandonado a su suerte, condenado a morir cuando se le acaben las provisiones o el oxígeno.

La denegación de socorro y el desprecio hacia su persona desatan una metamorfosis interior en Foyle, que será al final su salvación cuando aprenda a *«jauntear»* o teletransportarse a sí mismo a voluntad. A partir de ese momento consagra su vida a la venganza buscando por todo el sistema solar a la nave y la tripulación que no le recogieron, para destruir a ambos.

Para su desgracia, Poon Lim no pudo desarrollar un poder paranormal similar y, cuando el carguero norteamericano decidió marcharse de allí sin salvarle, nada pudo hacer por evitarlo.

El escritor norteamericano Alfred Bester.

El náufrago marcaba los listones de su balsa para contar los días que llevaba perdido en la mar. El día que añadió la marca número 130 volvió a ver muchos pájaros marinos volando alrededor pero en esta ocasión había dos detalles más que le llenaron de esperanza: el agua había adquirido un color más verde pálido de lo habitual y en su superficie flotaban muchas algas.

Tres días después, por la mañana, la vela de un pequeño barco pesquero se recortó en el horizonte ante él. Empezó a hacerle señas y a gritar y contempló emocionado cómo cambiaba de rumbo y se aproximaba hacia su posición. El buque transportaba a tres pescadores brasileños que finalmente le rescataron de su penoso periplo: era el 5 de abril de 1943.

Poon Lim no cabía en sí de gozo pero tuvo que contener su deseo de pisar tierra de inmediato: los pescadores no podían permitirse el lujo de regresar a puerto con él de inmediato ya que primero necesitaban llenar su bodega con una buena captura de peces. Así que le alimentaron y le dejaron descansar y, pocos días más tarde, cuando dieron por terminada su faena, pusieron rumbo de regreso hacia la costa de Belem, en la desembocadura del Amazonas.

Cuando por fin llegaron a Brasil, el náufrago fue ingresado en un hospital donde pudo entrar caminando sin problemas pese a los sufrimientos experimentados y los diez kilos de peso que había perdido. Allí permaneció en recuperación durante varias semanas y luego recibió honores de héroe por haber sobrevivido a su aventura: el mismísimo rey de Inglaterra Jorge VI le otorgó la Medalla del Imperio Británico y la *Ben Line Shipping Company*, compañía armadora del *Ben Lomond*, le regaló un reloj de oro. Hasta la Marina Británica escribió su historia detallando sus técnicas de supervivencia para incluirla en folletos que colocó en todas las balsas salvavidas de sus barcos. Y, por supuesto, entró en el *Libro Guinness de los Records* como el hombre que más tiempo había pasado flotando en alta mar hasta ese momento.

Finalizada la guerra, quiso emigrar a los Estados Unidos pero la cuota para ciudadanos chinos ya estaba completa y se lo impidieron. La mediación del senador Warren Magnuson le permitió al fin acceder a un visado de inmigración gracias al cual se instaló en Nueva York, donde vivió hasta su muerte en 1991.

La indecisión de Nagumo

Chuichi Nagumo nació en Yamagato, al norte de la isla nipona de Honsu, en 1887. En la Marina Imperial Japonesa, se especializó en el uso de torpedos y, al mando de su primer destructor en 1917, tuvo oportunidad de viajar por Europa y Estados Unidos. Progresó adecuadamente en su carrera ascendiendo en rangos sucesivos y recibiendo el mando en barcos cada vez de mayor potencia: cuando en 1937 estalló la guerra chino-japonesa, era comandante de la VIII División de cruceros y, al comenzar la SGM, había ascendido a comandante de la III División de acorazados. Ese mismo año llegó al puesto de vicealmirante y poco después fue nombrado director de la Escuela Naval en Tokio. Fue uno de los principales militares japoneses defensores de la integración de la fuerza aérea en buques de guerra y apostó decididamente por la construcción de portaviones, como arma imprescindible para dominar el Pacífico. En 1940 recibió un mando especial: el de la I Flota Aérea, para ejercer el cual supo rodearse de oficiales bien preparados.

La mayoría de oficiales de Marina occidentales consideraban que el uso del portaviones sería circunstancial y no le concedieron excesiva importancia..., hasta el golpe de Pearl Harbour. Como comandante de la fuerza aérea embarcada en su portaviones *Akagi*, el vicealmirante Nagumo fue uno de los responsables del éxito en el ataque del 7 de diciembre de 1941. Sin embargo, los expertos consideran que cometió un error al no lanzar un último *raid* aéreo para terminar de destruir las instalaciones navales y los depósitos de combustible en la isla, además de intentar hundir el portaviones norteamericano *USS Enterprise*. Con la excesiva prudencia que caracterizó su carrera, Nagumo prefirió retirarse con la flota intacta, temiendo que los estadounidenses encontraran la forma de reaccionar en medio de la devastación.

Durante el año siguiente, 1942, comandó varias operaciones en el Pacífico e incluso en el Índico, donde llegó a poner en peligro las fuerzas navales del almirante británico Sommerville, quien se vio obligado a retirarlas hacia la costa africana. A continuación, Nagumo organizó planes para bombardear India, Ceilán y Australia, en este caso sin grandes resultados.

Chuichi Nagumo, luciendo uniforme de gala y gesto de dureza.

Apenas seis meses después de Pearl Harbour, se produjo la batalla de Midway, el mayor choque de fuerzas navales de la SGM. Este enfrentamiento, entre el 4 y el 7 de junio de 1942, significó para los japoneses algo parecido en el mar a lo que para los alemanes sería, pocos meses más tarde y en tierra, la batalla de Stalingrado: no sólo una gran derrota, sino la pérdida de la iniciativa militar para el resto del conflicto.

El plan de la Armada Imperial Japonesa no estaba mal diseñado y era coherente con la doctrina militar que Nagumo compartía con el resto del alto mando nipón –empezando por su comandante en jefe, el almirante Isoroku Yamamoto–: para controlar el mar era también necesario controlar el aire sobre el mar. Por si el ejemplo de Pearl Harbour no había sido suficiente, las incursiones rápidas de bombardeo sobre Tokio y otras ciudades japonesas por parte de aviones embarcados en portaviones norteamericanos mostraban la importancia de eliminar este tipo de buques de la flota enemiga. Así que la idea era atacar de nuevo una base de EE.UU.: sería el cebo para atraer a toda su flota aeronaval y, una vez ubicada en el punto elegido, cerrar la trampa y destruirla de un solo golpe.

La instalación militar estadounidense en el atolón de Midway fue elegida como objetivo. Su nombre en inglés hace referencia a su ubicación geográfica: *Mitad de camino* entre el continente americano y el asiático. El plan contemplaba desperdigar las fuerzas aeronavales japonesas –cuatro portaviones y sus grupos de combate– para que no fueran detectadas por la flota de Estados Unidos. El ataque contra Midway atraería a los portaviones norteamericanos y, en ese momento, los japoneses se reagruparían y atacarían por sorpresa todos juntos. Tras destruir los buques de guerra enemigos, se remataría la conquista del atolón. La victoria permitiría no sólo ampliar el perímetro defensivo de Japón sino que allanaría el camino hacia la invasión de las islas Fiyi, Samoa e incluso Hawai.

Hay que recordar que, en contra de los temores de los ciudadanos norteamericanos, Japón nunca se planteó en serio la invasión y conquista de los Estados Unidos, ni siquiera de su costa oeste. Semejante empresa estaba claramente fuera de la realidad teniendo en cuenta los recursos nipones. Lo que había buscado Tokio desde el primer momento fue construir su propio imperio en el sureste asiático y China, y con una perspectiva más política y económica que militar. Allí había chocado con los intereses económicos y comerciales de los anglosajones, que querían hacer lo mismo.

Pocos meses antes del ataque a Pearl Harbour, el propio Yamamoto escribía, en un informe dirigido al jefe del Estado Mayor de la Armada Imperial, Osami Nagano, que «una guerra entre EE.UU. y Japón será necesariamente larga (…) durará varios años (…) nuestros recursos se agotarán, los barcos de guerra y el armamento quedarán dañados, será imposible reponer el material (…) Japón se empobrecerá…», por lo que la única forma de lograr la victoria sería «conseguir éxitos importantes en las primeras batallas» que sirvieran para forzar a Washington a negociar una paz ventajosa para los intereses del Imperio del Sol Naciente.

Las victorias de los primeros seis meses en el Pacífico parecían dar la razón al alto mando japonés, pero éste cometió el mismo error que, en Europa, consumió a sus colegas alemanes: considerar que el enemigo se rendiría con relativa facilidad, desmoralizado ante su inicial superioridad militar y estratégica…, lo que no ocurrió. Desde el primer momento, los Aliados previeron, con mayor acierto que los miembros del Eje, que la SGM duraría años y, al final, la ganaría no quien tuviera los mejores soldados sino quien tuviera más soldados. Y esto fue lo que al final sucedió.

El plan japonés para Midway no estaba exento de riesgos, el más importante de los cuales era que la dispersión de las unidades les ocultaría en el océano pero, en caso de ser descubiertas, imposibilitaría que pudieran protegerse mutuamente. Y había otro peor, que el alto mando nipón ignoraba: los servicios de criptografía de los Aliados habían roto sus códigos secretos de comunicación y podían interpretar sus mensajes cifrados, por lo que desde el primer momento tuvieron conocimiento de sus intenciones y movimientos.

Nagumo lanzó la primera oleada de más de un centenar de aviones contra Midway durante la madrugada del 4 de junio de 1942. Su portaviones era el único buque en ese momento, pues los acorazados y cruceros de apoyo se encontraban a cientos de kilómetros de distancia, con órdenes de hundir a los barcos norteamericanos que encontraran yendo en auxilio de la base en el atolón. El vicealmirante cometió aquí su primera equivocación en esta batalla ya que los cazabombarderos japoneses –que podían ir equipados con torpedos para atacar barcos o con bombas para atacar posiciones terrestres, pero no con ambos tipos de munición a la vez– fueron armados con torpedos pensando que la base albergaría a parte de la flota norteamericana. No fue así y, aunque el ataque fue exitoso porque los Zero destruyeron las escuadrillas de torpederos Grumman TBF *Avengers* que había en las instalaciones, los informes de reconocimiento recomendaron lanzar una segunda oleada de ataque, ahora provista con bombas, para despejar el camino a la invasión terrestre.

Nagumo ordenó preparar esta segunda oleada pero, antes de que los aparatos pudieran despegar, se recibió un aviso de otro avión de reconocimiento alertando de la presencia de una importante e inesperada flota norteamericana que incluía la presencia de un portaviones y se acercaba a ellos a toda máquina. El plan salía como estaba previsto..., pero descabalando completamente los tiempos y, por tanto, la idea original. Sería imposible reagrupar la flota japonesa antes de que llegara la estadounidense. Además, la preparación aérea requería en torno a unos tres cuartos de hora más: el tiempo necesario para desarmar las bombas recién instaladas y volver a colocar torpedos. Además, los aviones de la primera oleada estaban regresando y necesitaban aterrizar por llegar dañados, con parte de la tripulación herida o, en el mejor de los casos, prácticamente sin combustible. Había muy poco tiempo, quizás no el suficiente, para reequipar a la segunda oleada y que pudiera despegar antes de que regresara la primera.

Los oficiales del equipo de Nagumo le insistieron para que se la jugara y mandara despegar ya a la segunda oleada, aunque llevara bombas en lugar de torpedos, para atacar a los norteamericanos. Pero el vicealmirante se vio preso de la indecisión y, tras mucho dudar, se limitó a esperar que regresara la primera oleada mientras recababa más información que le ayudara a decidir. Esa falta de osadía fue su equivocación más grave, hasta el punto de que, según los historiadores militares, le costó la derrota en esta batalla porque el almirante Frank Jack Fletcher que comandaba la fuerza norteamericana sí lanzó sus aviones –los del portaviones *USS Yorktown*– contra los japoneses.

La presencia del *USS Yorktown* fue una desagradable sorpresa para los asiáticos, pues había resultado tan dañado en la batalla del Mar del Coral que lo daban por hundido. En realidad, había logrado llegar hasta Pearl Harbour, donde los especialistas estimaron que necesitaría unos tres meses de reparaciones antes de poder ser reutilizado. Cuando el alto mando norteamericano recibió la información acerca de los planes japoneses en Midway, cursó una orden de intervención urgente que forzó a los cerca de 1.400 obreros del arsenal a abandonar el resto de tareas para concentrarse exclusivamente en su recuperación: en sólo 24 horas estaba listo para volver a hacerse a la mar.

Otros dos portaviones estadounidenses participaban en la operación: el *USS Enterprise* y el *USS Hornet*, y tampoco en su caso se anduvieron con remilgos respecto al armamento que tenían instaladas sus flotas embarcadas en ese momento. Se les ordenó atacar a los nipones a discreción y con aquello que tuvieran a su disposición, sin esperar a que todos los escuadrones estuvieran en el aire y pudieran coordinarse. Esta decisión, muy temeraria dada la disparidad de fuerzas, generó una caótica ofensiva aérea que, aunque costó fuertes pérdidas a los estadounidenses, les concedió la iniciativa táctica y desbarató por completo la capacidad de Nagumo para contraatacar y ejecutar su propio plan. La flota japonesa se vio obligada a maniobrar constantemente para evitar los ataques aéreos, mientras los cazas Zero empleaban todos sus recursos en la defensa.

En medio de la confusión, los bombarderos *Devastator* del escuadrón VT-6 lanzados desde el *USS Enterprise* se colaron entre la red defensiva del *Akagi* y los pilotos norteamericanos Richard Best, Edwin J. Kroeger y Frederick T. Weber lograron impactar varias bombas que causaron sucesivas explosiones e incendios en el buque nipón.

La situación empeoró con rapidez y Nagumo se vio forzado a abandonar el barco y trasladar el carácter de insignia de su flota a un crucero ligero, el *Nagara*. La mayor parte de la tripulación fue evacuada junto al vicealmirante, excepto el capitán Taijiro Aoki y un grupo de marinos que lucharon durante horas para intentar, sin éxito, apagar la tea flotante en la que se había convertido el portaviones. Poco antes del amanecer, todo el personal que quedaba a bordo fue finalmente evacuado después de que el mismo almirante Yamamoto ordenara «con sincero pesar» porque «una vez fui su capitán» que los destructores *Arashio*, *Hagikaze*, *Maikaze* y *Nowaki* dispararan cada uno de ellos un torpedo contra el *Akagi* para hundirlo y evitar así que cayera en manos del enemigo.

Midway

Cuatro portaviones japoneses participaron en la batalla de Midway: además del *Akagi*, contaban con el *Kaga*, el *Soryu* y el *Hiryu*. Otras dos naves, el *Zuikaku* y el *Shokaku* habían sufrido severos daños durante la batalla del Mar de Coral y se encontraban en reparación.

Akagi significa *Castillo rojo* y recibió su nombre por un volcán de la región de Kanto, en la actual Prefectura de Gunma. Inicialmente botado en 1925 como crucero de batalla, fue reciclado como portaviones y, entre 1934 y 1938, remodelado de nuevo para reconvertir sus tres cubiertas de vuelo originales en una sola, más grande. Fue el segundo portaviones en entrar en servicio en la Marina Imperial y la fuerza aérea embarcada en esta nave participó en la guerra chino-japonesa. Su poderío la convirtió en el buque insignia de la *Kido Butai* o *Fuerza de Ataque* de la I Flota Aérea a principios de 1941.

Contaba con diez cañones de 20 cm de 50 calibres, seis de los cuales se encontraban en casamatas en la parte trasera y, el

El *Akagi*, en una foto tomada en abril de 1942 desde uno
de los aviones que acaba de despegar de su cubierta.

resto, en un par de torretas gemelas ubicadas a cada lado de la cubierta de vuelo media. En teoría las torretas podían ser usadas también para fuego antiaéreo con una elevación de 70 grados, mas en la práctica nunca llegaron a tirar más allá de los 55, lo que limitaba bastante su capacidad de defensa. Su armamento antiaéreo propiamente dicho constaba de media docena de montajes dobles de cañones de 12 cm instalados en salientes bajo el nivel de las chimeneas.

Este portaviones cumplió con las expectativas puestas en él, hasta su hundimiento en la batalla de Midway. Su pérdida fue tan desmoralizadora para la Marina Imperial que la administración en Tokio no retiró de inmediato su nombre del registro de buques de guerra sino que lo anotó como *«sin tripulación»*. El alto mando reconoció las pérdidas reales sólo al emperador Hirohito, mientras ocultaba la importancia de la derrota al resto del ejército y a la opinión pública. El hundimiento del *Akagi* no fue asumido y registrado formalmente hasta finales de septiembre de 1942.

El resto de los portaviones japoneses no tuvieron mejor suerte que el *Akagi*. El desesperado ataque aéreo norteamericano terminó por desarbolar su flota y pronto sólo quedó un navío intacto: el *Hiryu*, cuyos aviones dañaron de gravedad al *USS Yorktown*. Fuera de combate, el almirante Fletcher se trasladó al crucero pesado *USS Astoria*, desde donde continuó dirigiendo sus fuerzas. El portaviones norteamericano sería hundido horas más tarde por los torpedos del submarino japonés *I-168*, que también alcanzaron al destructor *USS Hammann*. Esta victoria postrera tuvo un sabor agridulce para los asiáticos porque, poco antes, el *Hiryu* también fue destruido tras un bombardeo que alcanzó los depósitos de gasolina de sus aviones.

El recuento final de pérdidas certificaba con claridad quién había ganado la batalla. Japón no sólo se había quedado sin dos tercios de su flota de portaviones sino, aún peor, había perdido más de dos centenares de veteranos pilotos aeronavales, curtidos en el nuevo tipo de guerra en el océano e imposibles de ser sustituidos a corto plazo. La batalla de Midway resultó decisiva para el progreso de la SGM en el Pacífico y la derrota final de Japón. A primeros de agosto, los norteamericanos tomaron la iniciativa organizando el desembarco de Guadalcanal y siguieron con ella hasta el final de la guerra. A mediados de 1943, la flota aeronaval japonesa había quedado desmantelada y el teatro bélico en la región se convirtió en una agónica defensa isla por isla de tropas niponas en retirada hasta el apocalíptico bombardeo nuclear de Hiroshima y Nagasaki que condujo a la capitulación definitiva a mediados de agosto de 1945.

En cuanto a Nagumo, sus equivocaciones en Midway le costaron duras críticas que aumentaron a medida que sumaba nuevas derrotas, como sus pobres resultados personales en Guadalcanal. Yamamoto le destituyó definitivamente relegándole al mando de una flotilla en las islas Marianas. Allí tampoco tuvo mejor suerte. En 1944, no pudo evitar el desembarco norteamericano en la isla de Saipan, la más grande de este archipiélago, y cometió el último de sus errores: en lugar de asumir su mala gestión y pagar por ella, se suicidó ritualmente.

Bruce S. Wright y los cocodrilos asesinos

Entre enero y febrero de 1945, el XIV Ejército Británico lanzó una victoriosa ofensiva de seis semanas con la cual se apoderó de la islas de Ramree y Cheduba, en el Golfo de Bengala junto a la costa occidental de Birmania, dentro de su campaña para recuperar el control de este país asiático. Los japoneses se habían instalado en la zona en 1942, pero a estas alturas de la SGM su poderío bélico era ya una sombra del que había sido. Con el nombre de Operación Matador, los británicos lanzaron el 21 de enero su asalto anfibio contra la costa de Ramree, con el objetivo de capturar el estratégico puerto de Kyaukpyu y su cercano aeródromo. Aseguradas ambas vías de avituallamiento y refuerzos, era cuestión de tiempo reducir a sus enemigos y establecer bases aéreas que permitieran reforzar a su vanguardia, que avanzaba hacia Mandalay, en el centro de Birmania.

La 71 Brigada India se encargó del desembarco inicial, que se produjo sin resistencia, después de que el acorazado *Queen Elizabeth* y el crucero ligero *Phoebe* se encargaran de «ablandar» previamente las defensas niponas a golpe de artillería. Varios bombarderos de la RAF también colaboraron en un ataque que forzó a los nipones, que carecían de armamento adecuado para responder, a replegarse hacia la zona central de la isla.

No obstante, en el combate infantería contra infantería los británicos descubrieron que la guarnición japonesa era un hueso más duro de roer de lo que parecía. Durante semanas se produjeron intensos combates entre ambos bandos sin avances significativos por parte de ninguno de ellos. Entonces, la infantería de marina británica logró flanquear a una fuerza de unos mil soldados japoneses y la conminaron a rendirse. El comandante nipón ordenó aprovechar la caída de la noche para abandonar sus posiciones silenciosamente y, atravesando un pantano próximo, reunirse con el grueso de las tropas niponas. Sólo tendrían que recorrer unos 16 kilómetros de ciénaga para ponerse a salvo.

La SGM en Birmania y su avance a Mandalay.

Fue una gran equivocación. Aquel manglar no sólo constituía un terreno complicado para desplazarse, lleno de barro y con el agua a menudo por encima de la cintura, sino que albergaba mucho animales peligrosos: serpientes venenosas, escorpiones, distintos insectos –incluyendo mosquitos transmisores de la temida malaria y otras enfermedades tropicales– y..., un número indeterminado de *Crocodylus porosus* o cocodrilos de agua salada. Estos animales están considerados como los reptiles de mayor tamaño del planeta, pues algunos ejemplares llegan a medir hasta 7 metros y pesar 1.500 kilogramos.

En su libro *Wildlife Sketches –near and far–* (*Escenas de la vida salvaje –lejanas y cercanas–*) el naturalista canadiense Bruce Stanley Wright incluyó un escalofriante relato acerca del destino de los soldados japoneses que se internaron en aquella trampa pantanosa. Wright servía en aquel momento en la Royal Navy y aprovechó su destino en el sur de Asia para recopilar anécdotas e informaciones que le pudieran servir profesionalmente una vez finalizara la SGM y pudiera regresar a su vida civil.

Según sus palabras, la noche del 19 de febrero de 1945 fue «la más horrible que vivimos los miembros de la dotación de la ML» (la lancha de desembarco empleada por la unidad de marines en la que estaba encuadrado en aquel momento) puesto que escucharon con claridad a los soldados japoneses gritando de terror y disparando esporádicamente contra los cocodrilos, que producían un *«vago, inquietante y alarmante sonido* (...) *que generaba una cacofonía infernal rara vez igualada en la Tierra»*.

La cacería humana de los reptiles duró toda la noche y, al amanecer, *«llegaron los buitres para limpiar»* lo que los cocodrilos habían desechado. Este pavoroso panorama se repetiría durante días porque los japoneses habían quedado atrapados en el pantano: los marines lo rodeaban y disparaban a cualquiera que tratara de escapar. Al final, según Wright, «de los cerca de 1.000 soldados japoneses que penetraron en los pantanos de Ramree, sólo en torno a 20 fueron encontrados con vida».

La matanza de japoneses entre las fauces de los cocodrilos se hizo macabramente famosa gracias al *Libro Guinness de los Records*, que la tituló «el mayor desastre provocado por animales». Aunque varios ex militares británicos que participaron en esta campaña, como los miembros de la *Burma Star Association*, confirmaron los hechos narrados por Wright, algunos investigadores como el historiador británico McLynn Frank han puesto en duda que el número real de víctimas fuera tan elevado, atendiendo a los testimonios recogidos años después entre los habitantes de la isla. Éstos reconocieron la existencia de casos periódicos de muertes provocadas por cocodrilos, mas negaron la posibilidad de una matanza del calibre descrito por Wright, sencillamente porque la ciénaga no tendría capacidad para tantos reptiles.

Una edición antigua del libro de Wright.

Una interpretación alternativa de lo sucedido entiende que el número de soldados japoneses muertos debería ser reducido a la mitad, y no sólo por culpa de los cocodrilos, sino víctimas también de otros animales peligrosos así como de la deshidratación por falta de agua potable, las enfermedades tropicales y el puro agotamiento, cuando no el suicidio ante lo desesperado de su situación. Esta interpretación considera que al menos 500 japoneses habrían logrado cruzar efectivamente el pantano y escapar, si bien con un destino posterior incierto.

5.

Punto y final

Leonard Dawe y los crucigramas misteriosos

La operación que culminaría con el Desembarco de Normandía fue preparada durante largos meses, en el curso de los cuales los Aliados aplicaron todos los sistemas de seguridad posibles para evitar que se filtrara información al espionaje alemán. Los responsables de mantener el secreto trabajaron sobre un sistema de palabras clave verdaderamente complejo para la época que, pensaban, sería indescifrable.

Sin embargo, dos semanas antes de la invasión, varios crucigramas del diario londinense *The Daily Telegraph* publicaron algunas palabras clave de la llamada Operación Overlord (*Señor* o *Comandante en jefe*). El pánico se extendió en el alto mando ante la posibilidad de que algún espía hubiera burlado la seguridad y estuviera transmitiendo públicamente la información robada, disimulada como respuestas a los pasatiempos. La primera «palabra secreta» apareció el 19 de mayo de 1944: *Utah*. En el crucigrama de aquel día se pedía al lector que respondiera correctamente anotando *«Uno de los Estados Unidos»*. También era el nombre en clave de una de las playas asignadas a las tropas norteamericanas para el asalto previsto a primeros de junio.

El 22 de mayo, apareció otro de los nombres clave para otra playa correspondiente al ejército estadounidense: *Omaha*. En la definición, se pedía escribir la palabra que definía un *«Indio rojo en el Missouri»*. El 27 de mayo, el pánico se instaló en el alto mando al publicarse la

No 5,775

ACROSS

1 A cause of postscripts (13)
10 Very attentive commonly (two words –3, 4)
11 A fool's weapon (7)
12 But this isn't to be bought at this shop (6)
15 Foils start thus (two words–3,3)
16 Definite (7)
17 One of the U.S. (4)
18 Achievement that the guardians of the Tower always have at heart (4)
19 Proper behaviour (7)
20 But cook has a practical use for this old weapon (4)
22 Part of one's last will and testament (4)
24 This knight of old had a fair start (7)
26 Little Samuel has got something from the pantry to make a boat (6)
27 The ceremonious tart (6)
30 Fifty fifty (7)
31 White wine (7)
33 "Intense matter"

DOWN

2 This probably has a lateen sail (7)
3 What all will be when the cease fire sounds (6)
4 Try the clue for 22 across (4)
5 Derby winner or preposition (4)
6 Systematically sorted (6)
7 When this loses its tail it doesn't grow another (7)
8 He rations the port among those who want it (13)
9 The ups and downs of business (three words –6, 3, 4)
13 Conference centre lately (7)
14 "Sleep rough" (7)
15 Lay (7)
21 Assess (7)
23 "Having drink taken" (7)
24 Many an oak-tree has this measurement (6)
25 This might make mad, sir (6)
28 This German Island sounds of alluvial origin (4)
29 The last Alice saw of the White Rabbit (4)

El primero de los crucigramas que despertó las sospechas de los Aliados.

palabra *Overlord*, nada menos que el nombre en clave de toda la operación del Día D. Para entonces, ya se había puesto en marcha una investigación urgente con objeto de desentrañar el misterio de los crucigramas y detener al agente alemán.

El 30 de mayo, un nuevo crucigrama incluía la palabra *Mulberry*, nombre de los muelles flotantes imprescindibles para desembarcar el equipo de los Aliados en las playas y progresar luego tierra adentro. Blindados, vehículos de transporte, municiones y todo tipo de pertrechos serían descargados gracias a estos puertos artificiales cuya humilde constitución no debe hacer olvidar que fueron un factor decisivo para completar el éxito del desembarco. Sin ellos, la ofensiva angloamericana se habría frenado en seco a pesar del éxito inicial y podría haber terminado en una catástrofe similar a la de Dunkerque. El 1 de junio, apareció la última palabra, *Neptune*, el nombre en clave del despliegue naval que apoyaría el desembarco: Operación Neptuno.

En pocos días, el servicio de inteligencia británico descubrió al autor de todos los crucigramas: Sidney Dawe, quien fue detenido, interrogado e investigado.

Dawe no parecía un espía. Era un hombre maduro de casi 45 años nacido en Brentford, en el oeste de Londres, que trabajaba como profesor y que en su juventud había sido futbolista amateur de cierto éxito. Aunque se le daba bien el balón, Dawe no pretendía dedicarse profesionalmente al fútbol sino a la enseñanza y, cuando obtuvo una plaza de profesor de ciencias en 1913, se olvidó del deporte. Había participado en la PGM y servido, entre otros destinos, en la Campaña de Mesopotamia dentro del Regimiento de Hampshire en Oriente Medio. En 1926 se convirtió en el profesor principal de la *Strand School*, donde se ganó dos cosas: la fama de hombre recto y disciplinado y el apodo *«Dinero-de-bolsillo»*, en referencia a sus iniciales: L.S.D. (en inglés, equivalente a las siglas de las monedas de la época –libras, chelines y peniques– aunque, en la actualidad y después de los descubrimientos de Albert Hofmann sobre el ácido lisérgico, el apodo muy probablemente hubiera tenido un significado diferente).

Aficionado a los crucigramas, Dawe había empezado a publicarlos en el *Daily Telegraph* el 30 de julio de 1925 y, en el momento de la aparición de las palabras clave, seguía haciéndolo regularmente. De hecho, lo haría hasta su muerte, en 1963.

Tras un arduo trabajo de análisis, los agentes determinaron que todo había sido fruto de una casualidad y que en realidad el profesor era inocente y no trabajaba para el enemigo. Por si acaso, fue confinado bajo vigilancia en su propia casa hasta después de ejecutado el desembarco en las playas de Normandía.

En 1984, uno de los alumnos de Dawe, llamado Ronald French, reveló en una entrevista que la culpa del incidente había sido suya. Para emplear distintas definiciones y no repetirse a la hora de confeccionar sus crucigramas, el profesor solía pedir a sus alumnos que le sugirieran palabras diferentes. Cerca de la escuela había una base norteamericana en la que trabajaban varios de los implicados en el diseño de la Operación Overlord y, según French, no eran muy discretos pues a veces entraban y salían comentando detalles técnicos. Fueron esas palabras escuchadas al azar las que French recogió y luego sugirió a su profesor buscando complacerle…, y poniendo así en riesgo el mayor desembarco de tropas conocido de la historia de la humanidad.

El día más largo

Los alemanes llevaban meses esperando la invasión, aunque su *Muralla Atlántica* no era tan sólida como afirmaban para impresionar a los Aliados. Las urgencias del frente oriental les privaban de infantería y aviación suficientes para garantizar una buena defensa en tantos kilómetros de costa. El grueso de las tropas se concentraba cerca del Paso de Calais, donde Hitler creía erróneamente que se produciría el ataque, por ser el lugar más próximo a la costa inglesa.

El mariscal Erwin Rommel, responsable de la red defensiva en la costa atlántica, era el único jefe del alto mando alemán que auguraba un desembarco en Normandía, pero fue incapaz de convencer al *Führer* del peligro, pese a ser uno de sus generales favoritos. El resto de generales tampoco apoyó sus apreciaciones, por no osar llevar la contraria a Hitler. A Rommel pertenecen las palabras con las que tantas veces se ha identificado el Día D: «El desembarco se resolverá para bien o para mal en la playa, será el día más largo de toda la guerra.» En su opinión, si se rechazaba allí la invasión, ésta fracasaría pero si los Aliados penetraban tierra adentro sería imposible frenarlos, pues la Werhmacht no poseía ya medios suficientes. Ordenó sembrar más de seis millones de minas en las playas –y atar otras en troncos que fueron bautizados como *«los espárragos de Rommel»*– además de llenarlas de alambradas, obstáculos antitanque, bunkers de hormigón, nidos de ametralladoras y baterías costeras con toda la artillería disponible.

Concentró muchas de estas defensas, así como sus mejores tropas, en Normandía, donde también contaba con las *Osttruppen* (*Tropas del este*), integradas en su mayor parte por voluntarios de distintas nacionalidades: armenios, rusos, letones, mongoles, azerbayanos, pakistaníes, indios y hasta chinos, entre otras. Rommel también organizó «juegos de guerra» con sus generales para estudiar la mejor forma de rechazar un asal-

El mariscal Rommel, durante una de sus visitas para examinar el estado de las defensas en la costa bretona.

to a Normandía. Además, los servicios de inteligencia alemanes descubrieron después de todo –los Aliados lo ignoraban– la clave que daría comienzo a la invasión, basada en unos versos del poeta Paul Verlaine: *Los largos sollozos/de los violines/de otoño/hieren mi corazón/con languidez/monótona.*

Lo que Rommel no pudo prever es que la invasión comenzaría durante una de sus escasas ausencias de primera línea: cuando fue a visitar a su esposa Lucy, por su cumpleaños. En su ausencia, la *Muralla Atlántica* quedó bajo custodia del mariscal Gerd Von Rundest, al mando del Estado Mayor en París y reacio a la hipótesis de Normandía. Durante la noche del 5 al 6 de junio de 1944 descuidó las alertas pensando que el mal tiempo haría inviable ningún ataque y, además, se equivocó al no movilizar de inmediato a la 21 División Panzer en cuanto conoció la ofensiva, que comenzó a las 06:30 horas. Prefirió esperar a informar a Hitler, pero éste no fue despertado hasta las 09:00 porque se había acostado tarde la noche anterior. La lenta reacción del alto mando dio a los Aliados el tiempo suficiente para rebasar las playas y, tal como había advertido Rommel, consolidar su posición y progresar tierra adentro.

Michael Wittmann y el 007

Desde, al menos, la época de David y Goliat, si hay un error que un veterano de guerra sabe que no debe cometer, es despreciar a un enemigo por su aparente insignificancia o por su soledad en el frente. Sobre todo si ese enemigo tiene a su disposición una de las más poderosas máquinas bélicas jamás diseñadas en su época y posee una audacia próxima a la insensatez. Tal fue el caso de Michael Wittman, uno de los comandantes de tanques más mortalmente eficaces y, por lo mismo, más populares, en el III Reich.

Nacido en un pequeño pueblo alemán llamado Vogelthal el mismo año que comenzó la PGM, su porvenir parecía inicialmente marcado por la ocupación de su padre, granjero, pero pronto abandonó el campo atraído por la jerarquía y la disciplina del mundo militar. Con veinte años se alistó en la nueva Wehrmacht de Hitler y fue destinado a una de las compañías del 19 Regimiento de Infantería, próximo a Munich. Allí vio un tanque por primera vez y quedó completamente fascinado por el concepto de carro blindado.

El carro que le deslumbró era un *PzKpfw* o *Panzerkampfwagen I* (*Vehículo blindado de combate I*). Para abreviar: un Panzer I. Diseñado en 1932 y producido en serie en 1934, en un principio iba a ser utilizado sólo para entrenamiento pues su blindaje era limitado y apenas disponía de un par de ametralladoras como todo armamento. Sin embargo, tras su exitoso debut en la guerra civil española, tuvo un papel destacado en la invasión de Polonia y en la de Francia. Más tarde fue utilizado en distintos frentes europeos e incluso asiáticos. Estuvo en servicio en las Fuerzas Armadas de España hasta 1954.

Wittmann se licenció tras cumplir sus dos años de servicio, mas no logró reintegrarse a la vida civil porque le gustaba demasiado la de la milicia. Así que, tras unirse a las *Allgemeine SS* o *SS General* –la rama de carácter político de las *Schutz Staffel* o *Escuadras de Defensa*– se preparó para presentarse a las duras pruebas que podrían darle acceso a las unidades de combate: las *SS Verfüngstruppe* o *Tropas SS a disposición (del Führer)*, que más tarde serían rebautizadas como *Waffen SS o SS Armadas*. Finalmente logró el ingreso y fue encuadrado en la *Leibstandarte SS Adolf Hitler*, que alcanzaría fama como una de las mejores divisiones blindadas de la SGM.

Michael Wittman.

Fue allí donde cumplió sus deseos de convertirse por vez primera en parte de la tripulación de un vehículo blindado, aunque no se estrenara con un tanque propiamente dicho sino como conductor de un todoterreno blindado y artillado: el *SdKfz 221 Leichter Panzerspähwagen* (*Vehículo blindado ligero de reconocimiento*). Su eficiencia, dotes de mando y acusada personalidad le permitieron hacer carrera y para la primavera de 1939 tenía ya el rango de *SS Unterscharführer* o *Sargento segundo SS*, con el cual recibió su bautismo de combate en la invasión de Polonia.

Trasladado a una unidad de reconocimiento, estrenó los nuevos cañones de asalto StuG III (*Sturmgeschütz* o *Tormenta de protección III*) que, dado su buen resultado, terminó siendo el más fabricado en Alemania durante la SGM. Básicamente, se trataba de un cañón instalado sobre el chasis de un Panzer III para apoyo artillero de la infantería, de formidable eficacia dada su movilidad. Más tarde fue muy utilizado también como cazacarros. Su mayor inconveniente era que carecía de torreta, con lo que se hacía necesario encarar el blindado hacia cada uno de sus objetivos para tener un ángulo de tiro adecuado. No obstante, con este vehículo –a bordo del cual participó en la campaña de Grecia– Wittmann conseguía por fin satisfacer su deseo de dirigir un verdadero tanque.

Luego llegó la Operación Barbarroja. Fue trasladado al Este el 11 de junio de 1941 y, el 22, entraba en acción. Allí se forjó buena parte de su leyenda y también empezó a ganarse su apodo de *Barón Negro* (victorioso ante muchos enemigos, como el Barón Rojo en la aviación de la PGM, pero en el cuerpo de blindados y vestido de negro, el color de su uniforme como carrista) con el impresionante combate que mantuvo contra un grupo de tanques T-34 y T-36.

Sucedió apenas un mes después de iniciada la invasión de la URSS. Su StuG III se encaminó hacia una colina donde debía instalarse y vigilar ante la posible llegada de fuerzas enemigas pero nada más alcanzar su posición Wittmann y sus hombres descubrieron la rápida aproximación de una veintena de carros de combate soviéticos, desplegados en dos grupos: uno de 12 unidades y otro de 6…

Un combate de 18 contra 1 parece una apuesta demasiado elevada para cualquiera con dos dedos de frente, pero Wittmann tenía ganas de probarse con un verdadero desafío. Escogió el grupo de 6 carros enemigos y aprovechó que ellos todavía no se habían percatado de su presencia para lanzar el primer disparo de su cañón de 75 milímetros, que dio en el blanco y reventó uno de los tanques soviéticos ante la sorpresa de sus compañeros. Un segundo disparo destruyó otro de los carros, pero el resto ya había detectado al StuG III y empezaron a dispararle. El blindado germano se beneficiaba de su menor altura por carecer de torreta para ofrecer un blanco más difícil y no fue alcanzado mientras cambiaba de posición hacia un bosquecillo cercano. La segunda columna de 12 tanques decidió mantener su avance, convencido su mando de que los 4 carros restantes serían suficientes para vengar aquel ataque sorpresa. Craso error…

Uno de los T-34 persiguió a los alemanes internándose entre los árboles y disparando, pero el StuG III respondió con un proyectil que impactó con tal violencia que la torreta del tanque soviético salió volando por los aires y cayó varios metros atrás. Los tres blindados que quedaban le dispararon desde la colina mientras el cañón autopropulsado maniobraba con gran rapidez entre los árboles. Dando un rodeo, consiguió colocarse detrás de ellos y, sorprendiéndoles una

Perfil de un StuG III, donde se aprecia la menor altura de este carro blindado por carecer de torreta.

vez más, convirtió un cuarto tanque en una bola de fuego. El quinto presentó algo más de batalla y Wittmann y sus hombres precisaron dos disparos para destruirlo, pero el sexto carro de combate decidió huir para evitar la dramática suerte de sus compañeros. Por la valentía en combate demostrada en esta ocasión, el comandante del StuG III recibió la Cruz de Hierro de segunda clase.

Entre el comienzo del verano de 1941 y el de 1942, Wittmann y su equipo causaron docenas de bajas en el Ejército Rojo, por lo que fue promocionado a oficial y asignado a una unidad de Panzer III, un blindado medio y de armamento variable, de apoyo a la infantería pero también para proteger la retaguardia en tanques más pesados. Su sorpresa llegó cuando le pusieron al mando de un Panzer Tiger, una de las piezas míticas en la historia de los carros de combate.

El Tiger de Ferdinand Porsche

El ingeniero Ferdinand Porsche fue el encargado de bautizar con el nombre de *Tiger* (*Tigre*) el monstruo mecanizado originalmente designado como *Panzerkampfwagen Ausf. H* (*Vehículo acorazado de combate del tipo H*) y cuyo desarrollo comenzó en 1937 con los primeros diseños de la empresa Henschel & Sohn. El descubrimiento de la imponente fuerza blindada soviética y, en especial, de su amenazador T-34, hizo imprescindible mejorar las características iniciales del carro alemán para incrementar su peso, su blindaje y la potencia de su cañón.

El Tiger fue el primer blindado germano provisto del potente y eficaz cañón de 88 milímetros, ya probado con notable éxito en la artillería antiaérea, y capaz de alcanzar un blanco a más de 1,5 kilómetros. Un informe del frente del Este certificó que uno de estos carros había destruido un T-34 ubicado a casi 4 kilómetros de distancia, si bien la mayoría de los combates en los que participó se produjeron a unos 1.000 metros del enemigo, ya que la munición era cara y la orden era no desperdiciar ni un proyectil.

Un Tiger I en acción, en Kursk.

El blindaje frontal alcanzaba los 100 milímetros, frente a los 80 de los modelos más modernos del Panzer IV, lo que le convirtió en un seguro escudo contra los proyectiles de casi todos los tanques enemigos. Para poder perforar las defensas de un Tiger, debían flanquearlo y atacarlo por los laterales o la parte trasera y a una distancia inferior a la que necesitaba el tanque alemán para destruirlos a ellos. Con estas características, luchó en todos los frentes y ganó fama merecida como un carro de combate especialmente temible.

Una decena de comandantes de Tiger acumularon más de un centenar de victorias en su cuenta personal además de Wittmann. Entre ellos, Otto Carius –que destruyó más de 150 tanques–, Kurt Knispel –168 acreditados– o Johannes Bölter –al menos 139–.

Sin embargo, su producción y mantenimiento eran caros y complicados. Costaba el doble de tiempo montar un Tiger que un Panzer V y cuatro veces más que un StuG III, lo que terminó convirtiendo su fabricación en inasumible. No llegó a alcanzar la cifra de 1.400 a 1.500 unidades construidas (según distintas fuentes) entre agosto de 1942 y el mismo mes de 1944, cuando su producción fue definitivamente abandonada para afrontar la del Tiger II o *Königstiger* (*Tigre real*, nombre alemán del tigre de Bengala), una versión más poderosa de este carro de combate, del que llegaron a montarse aún menos unidades: apenas medio millar. Podemos entender mejor la importancia de estas cifras si las comparamos con los 80.000 T-34 que construyeron los soviéticos o los más de 40.000 Sherman norteamericanos.

Este tanque es una preciada pieza de coleccionista para museos bélicos. Sólo uno sigue funcionando a día de hoy: el Tiger 131 del Afrika Korps capturado en Túnez en mayo de 1943, que puede admirarse en el Museo de Tanques de Bovington (Inglaterra). Restaurado en 2003, aparece en acción en la película *Fury* (*Corazones de acero*) dirigida por David Ayer y estrenada en 2014. A diferencia de lo que se ve en este largometraje, en el que Brad Pitt y su tripulación logran derrotarlo a bordo de un Sherman, en un enfrentamiento real el famoso actor norteamericano no habría salido bien parado. Los expertos calculan que un Tiger valía tanto como 5,7 Shermans…

A lomos de su Tiger, Wittmann conseguiría diversas victorias pero también amargas derrotas, como la batalla de Kursk u Operación Ciudadela, considerada el enfrentamiento de tanques más grande de la Historia: entre mediados de julio y agosto de 1943 participaron en ella más de 6.300 carros de combate soviéticos y alemanes, además de unos 4.400 aviones y unos tres millones de soldados. Hitler estaba convencido de poseer fuerzas suficientes para retomar la iniciativa en el Este, pero el espionaje soviético se hizo con todos los planes germanos antes de que comenzara su ofensiva, lo que le permitió adelantarse y anular todos los movimientos de la Wehrmacht. Desde ese momento, el Ejército Rojo marcaría la pauta en el Este y ya no se detendría hasta alcanzar Berlín.

En enero de 1944, Wittmann fue condecorado con la Cruz de Caballero, a la que pudo añadir también el reconocimiento de las Hojas de Roble, por su implacable eficacia en el frente oriental. Según el informe de su comandante de división, Theodor Wisch, entre julio de 1943 y el 7 de enero de 1944 destruyó al menos 56 tanques soviéticos. Durante los dos días siguientes, 8 y 9 de enero, aniquiló 9 tanques más y un cañón de asalto. En medio año había destrozado casi una docena de blindados enemigos por mes.

En marzo de 1944 disfrutó de un pequeño respiro con un permiso que aprovechó para casarse con su novia Hildegard Burmester, pero en abril de 1944 su compañía fue transferida al 101 Batallón de Tanques Pesados de las SS y poco después tuvo que enfrentarse con las tropas angloamericanas que habían desembarcado en Normandía y avanzaban hacia el interior de Francia. Allí se encontró con una misión especialmente difícil pero que consagraría su temeridad personal y también la de su tripulación por la espectacular acción que protagonizaron en Villers-Bocage.

Wittmann comandaba ahora un grupo de media docena de blindados que fue enviado a taponar la brecha que había dejado abierta la desbordada infantería alemana en la zona próxima al citado pueblo francés. Sus tanques debían cubrir el flanco izquierdo de la División Panzer *Lehr*, para que no resultara embolsada por los británicos. Cuando su pelotón alcanzó las afueras del pueblo tras varios días de viaje, las tripulaciones estaban agotadas, pero tomaron posiciones. Su misión era detener, o al menos retrasar, la marea enemiga que llegaba desde las playas del Atlántico.

El comandante alemán inició un reconocimiento con su Tiger a primerísima hora de la mañana del 13 de junio de 1944, mientras los demás blindados aguardaban parapetados –uno de ellos estaba averiado y otro fue empleado como enlace–. Pronto descubrió una enorme columna de carros de combate en la carretera que llegaba hasta Villers-Bocage. Eran dos grupos del IV Regimiento británico *City of London Yeomanry* con tanques Cromwell y M4A4 Sherman *Firefly*, algunas unidades acorazadas del *5th Royal Tank Regiment* y la I Brigada de Fusileros norteamericana, que contaba con varios blindados ligeros de reconocimiento M5A1 Stuart y algunos vehículos de transporte M3. Cierto que el carro de combate de Wittmann podría dar buena cuenta de todos ellos con relativa facilidad..., si pudiera enfrentarlos de uno en uno. Pero ante sus prismáticos se desplegaban más de 200 vehículos enemigos y cientos de soldados.

Sin embargo, los angloamericanos cometieron la misma equivocación que en el duelo que Wittmann mantuvo con los soviéticos en julio de 1941: confiar en su superioridad numérica.

Con la mayor tranquilidad, sus mandos habían ordenado descansar en la localidad francesa sin que a nadie pareciera habérsele ocurrido enviar patrullas para inspeccionar los alrededores y evitar posibles emboscadas. Daban por sentado que, si quedaba algún soldado alemán en las cercanías, estaría corriendo lo más rápidamente posible para escapar a su avance. Así que los británicos desayunaban, charlaban y fumaban algún que otro cigarrillo mientras esperaban las órdenes para reanudar la marcha. Los vehículos estaban aparcados en orden, algunos de ellos incluso con el motor parado.

Tras sopesar la situación, Wittmann decidió tomar por sorpresa a la columna británica. Llegó a la conclusión de que le resultaría más fácil causarle un gran daño si atacaba cuando los enemigos estaban desprevenidos y fuera de sus vehículos que si esperaba a que se organizaran y se veía obligado a defenderse de su ataque en masa. Con rapidez, explicó su plan al resto de comandantes del pelotón: debían situarse en la cota 213, a 1,5 kilómetros del pueblo, para detener disparando desde allí el avance británico, mientras él embestía en solitario y provocaba el mayor estropicio en sus filas. Aprobaron la audaz iniciativa aunque su propia tripulación debió pensar que no saldrían vivos de la aventura.

Hacia las 08:00, Wittmann dio la orden de ataque y su Tiger penetró desde la carretera al interior del pueblo, pilotado por su conductor Walter Müller, armado por su artillero Bobby Woll y su cargador Günther Boldt y en contacto de radio gracias a su operador Günther Jonas, también artillero de proa. La estruendosa aparición del tanque alemán abriendo fuego por doquier causó la desbandada de los soldados británicos, incluyendo a los que se encontraban en el interior de sus propios carros pues sabían que no tendrían posibilidad de maniobrar y adquirir un buen ángulo de tiro antes de ser arrollados. Los dos primeros disparos del Tiger reventaron sendos carros de combate Cromwell, lo que incrementó el pánico de los angloamericanos. Tras ellos, fueron destruidos sucesivos vehículos de todo tipo, junto con dos cañones anticarro todavía enganchados a sus respectivos transportes porque tampoco hubo tiempo de emplazarlos, a los que hubo que sumar decenas de bajas entre las tropas de infantería.

Eufóricos por el arrollador éxito de aquella *cabalgata de las walkyrias*, Wittmann y su tripulación enfilaron hacia el interior del pueblo para atacar el Estado Mayor del Regimiento. Allí encontraron cuatro carros Sherman, tres de los cuales se convirtieron en bolas de fuego tras sendos disparos consecutivos. Más adelante, apareció otro Sherman, en alerta y artillado, que llegó a disparar contra el Tiger pero vio con desesperación cómo su proyectil rebotaba contra el poderoso blindaje delantero del tanque alemán, que a su vez respondió y destruyó el tanque enemigo sin dificultades.

Wittmann recuperó entonces su sangre fría y ordenó dar la vuelta y salir de Villers-Bocage. El factor sorpresa había desaparecido y era cuestión de tiempo que sus enemigos se organizaran y los aplastaran por una simple cuestión de número. En la maniobra subsiguiente, su tanque no tenía espacio suficiente para girar con comodidad y destrozó parte de una pared que fue a caer sobre el Cromwell del capitán Patrick Dryas, quien había conseguido eludir al Tiger metiéndose por una calle lateral y después había ido en su persecución para intentar dispararle en la zona trasera e inutilizarlo. A pesar de los cascotes, el carro de Dryas también llegó a disparar contra el de Wittmann, pero su proyectil rebotó igual que el del Sherman. El Tiger devolvió el golpe y el Cromwell se vio envuelto en llamas. Dryas consiguió abandonarlo casi de milagro.

Finalmente, el Tiger salió triunfante de su asombroso golpe de mano y abandonó el pueblo sin un rasguño. Alcanzó la cota 213, donde se reunió con su pelotón y varios tanques más que habían llegado a la zona. Aunque lo habían visto con sus propios ojos, sus entusiasmados compañeros no terminaban de creer que en sólo unos minutos un único blindado alemán hubiera convertido en chatarra más de 20 tanques británicos y un número indeterminado de semiorugas y transportes de tropas…

La venganza de los ingleses no tardaría en llegar pues los recursos de los Aliados eran muy superiores a los del Eje. Pronto se sumaron nuevas unidades anglosajonas a la zona y concentraron su fuego contra la cota donde se encontraban los alemanes. Dos Tiger fueron destruidos y el propio carro de Wittmann fue alcanzado en sus orugas, con lo que quedó inmovilizado. El comandante dio orden a sus hombres de abandonarlo, no sin antes hacer acopio de armas cortas y munición, y marchar a la carrera hacia líneas seguras, a 15 kilómetros de allí.

La intrépida incursión de Wittmann y la posterior defensa de la cota que, en total, permitió la destrucción de 60 blindados de los Aliados, le convirtió en un auténtico héroe nacional en Alemania y le permitió recibir pocos días después las Espadas para su Cruz de Hierro de manos del propio Hitler, que además le ascendió a *SS Hauptsturmführer* o *Capitán SS*. Como solía hacer en estos casos, Hitler le ofreció dejar la primera línea con un doble objetivo: mantener al héroe con vida para dar ánimos a la cada vez más desesperada defensa alemana y transmitir su experiencia de combate como instructor para los nuevos comandantes de Panzer.

Así quedaron los blindados británicos tras el paso del Tiger de Wittmann por Villers-Bocage.

Como también sucedió en otros casos en los que militares alemanes consiguieron espectaculares victorias y se vieron ante el mismo ofrecimiento, Wittmann se negó a abandonar el frente. Era un guerrero nato y disfrutaba en el combate. Así que el 6 de julio regresó a Normandía para participar en una gran ofensiva muy cerca de Villers-Bocage, con la cual los germanos trataban de recuperar la ciudad de Caen, conquistada por los Aliados. Integrado ahora en la SS Division Panzer Grenadier *Hitlerjugend*, disponía de un nuevo Tiger, el 007, y de una nueva tripulación, compuesta por Heinrich Reimers como conductor, Karl Wagner como artillero, Günther Weber como cargador y Hirschel Rudolf como operador de radio y artillero de proa. También tenía bajo su mando ocho tanques Tiger: un pequeño pero poderoso grupo de blindados, aunque desde todo punto de vista insuficientes para plantar cara a los más de 600 carros de combate que en ese momento desplegaban en la zona los Aliados.

El 8 de agosto de 1944 Wittmann se levantó de un humor extraño: según declararían luego varios de sus camaradas, se mostró nervioso y dubitativo, como si se encontrara preocupado por algo, si bien cualquiera lo estaría ante la monumental desproporción de fuerzas enemigas frente a las propias. Si tuvo alguna premonición de que aquel día algo iría mal, se equivocó al no hacerle caso. Y es que, aunque él no estaba incluido en la misión, se ofreció voluntario para acompañar a un grupo de Tigres cuyo objetivo era atacar la ciudad de Cintheaux, cerca de Caen, porque el oficial al cargo, recién ascendido y amigo suyo, carecía de experiencia en este tipo de operaciones. Según dijo textualmente a varios de sus compañeros: «Tengo que ir con ellos». Y eso hizo.

Enseguida encontraron un primer grupo de Shermans de la IV División Acorazada Canadiense, al que destruyeron sin contemplaciones. Pero poco después la fortuna que le había sonreído durante toda la SGM se desvaneció al toparse con varios grupos de blindados enemigos que combinaron su potencia de fuego junto con la de su artillería de campaña y terminaron por inutilizar las orugas de su Tiger. Blanco fácil, se desató un incendio a bordo, el tanque explotó y su torreta saltó por los aires antes de que la tripulación pudiera abandonar el vehículo. Todos los que iban a bordo murieron..., y allí comenzó una larga discusión entre las diferentes unidades que

La única fotografía que existe del tanque destruido de Wittmann, con la torreta rotulada con el número 007, la tomó un civil francés, Serge Varin, en 1945.

exigían adjudicarse el mérito de haber acabado con el Barón Negro: el I Escuadrón Northamptonshire B del Regimiento Real Blindado, el 27 Regimiento Blindado Canadiense o Fusileros de Sherbrooke, la I División Blindada Polaca, aviones de la II Fuerza Aérea Táctica...

El debate no ha terminado. Regularmente aparecen nuevas teorías sobre quién abatió a la leyenda. En 2006, la prensa británica publicó una entrevista con Joe Ekins, que en 1944 era un artillero novato en un Sherman *Firefly*. Ekins describía el enfrentamiento de cuatro Shermans –uno de ellos, el suyo– contra tres Tigres, a los que decía que destruyeron en menos de un cuarto de hora. Uno de ellos era el 007 y lo habrían puesto fuera de combate con dos proyectiles. El artillero aseguraba que jamás había oído hablar de Wittmann antes del combate y que sólo se enteró de que era uno de los ocupantes de aquel tanque ocho años después de la SGM, aunque «aquella mañana no anduvo muy listo» y «lo tuvo merecido». Conociendo las características de los Tiger y los Sherman, se hace muy difícil dar credibilidad a historietas de este tipo.

Lo más probable es que Wittmann y su tripulación no murieran por el disparo de Ekins ni de ningún otro artillero aliado. La explosión que acabó con sus vidas fue tan potente que la torreta del Tiger salió volando varios metros. Ningún proyectil aliado pudo provocar semejante efecto. Los expertos aseguran que una explosión así únicamente pudo producirse desde dentro del tanque, al estallar la munición y el combustible que almacenaba en su interior.

En el momento de su muerte, Wittmann acumulaba más de 140 tanques y cañones de asalto y más de 130 cañones contracarro destruidos en menos de dos años de servicio. Sus restos mortales y los de su tripulación fueron enterrados en un lugar en un primer momento desconocido, aunque en 1983 fueron encontrados durante la construcción de una carretera. Lo que quedaba de sus cuerpos fue trasladado al cementerio alemán de La Cambe, en Normandía, donde recibieron sepultura los cuatro juntos.

El desastre de Port Chicago

Port Chicago fue una pequeña localidad californiana fundada hacia 1850 originalmente con el nombre de Bay Point. A pesar de sus buenas comunicaciones por carretera y ferrocarril, era un sitio con población reducida, no más de unos pocos miles de personas que viajaban a diario para trabajar en fábricas y refinerías de ciudades próximas más grandes como Martínez o Pittsburg. Con la entrada de EE.UU. en la SGM, se movilizó igual que el resto del país y probablemente no hubiera pasado a la historia de no haberse producido allí un error que costó muy caro, tanto en vidas humanas como en material bélico. De hecho, el suceso de Port Chicago está considerado como uno de los peores desastres acaecidos en la bahía de San Francisco y el peor de todos en territorio continental estadounidense durante toda esta guerra.

Al poco de comenzar sus operaciones bélicas, la Marina norteamericana se percató de que gastaba municiones más rápido de lo previsto y comenzó a buscar emplazamientos en la costa para crear nuevas bases que permitieran reaprovisionar sus buques con mayor rapidez. Entonces, alguien se fijó en Port Chicago y pensó en modernizar la infraestructura existente desde la PGM. La presencia de un

canal profundo de agua y el relativo aislamiento del lugar, además de sus buenas comunicaciones terrestres, la convertían en una buena opción para reactivar allí una base militar.

Los estibadores locales se pusieron muy contentos pensando en el negocio que supondría la carga y descarga de los buques de guerra, pero se decepcionaron enseguida cuando la Armada anunció que sus condiciones laborales eran demasiado caras. Justificándose en razones de seguridad, decidieron echar mano de trabajadores menos preparados pero sin duda más «baratos»: marineros negros. Las fuerzas armadas estadounidenses estaban, al igual que la sociedad civil, cuidadosa y estrictamente segregadas, de manera que los marineros de raza negra carecían de opciones de promoción y solían ser empleados en las peores tareas, generalmente en los batallones de trabajo y siempre a las órdenes de oficiales blancos. Así que Port Chicago fue reactivado: el primer barco que atracó para ser cargado allí llegó en diciembre de 1942.

Los mandos de la Armada norteamericana todavía no lo sabían pero habían cometido un gravísimo error: emplear a personal no cualificado en un duro y arriesgado plan de trabajo que implicaba la carga de municiones y explosivos por turnos durante las 24 horas del día los 7 días de la semana, sin pausa y al mayor ritmo posible. Nadie fue bien entrenado para esta labor y, de hecho, la propia Armada carecía de un manual de instrucciones propio para el transporte seguro de este tipo de material peligroso. La única documentación existente había sido redactada por la Cámara de Comercio Interestatal, que contemplaba el manejo de cantidades mucho más pequeñas y con más tiempo, puesto que había sido redactado para una época de paz.

Las municiones incluían desde pequeño calibre hasta bombas de 2.000 libras –más de 900 kilogramos–, pasando por cargas de profundidad, bombas incendiarias y de fragmentación. Todo se llevaba en carretillas, rodando sobre planchas de madera desde el transporte ferroviario hasta el muelle o a mano.

Sin nadie que les advirtiera seriamente de los riesgos que suponía manipular semejante material y con nulos incentivos para llevar a cabo lo que consideraban un trabajo rutinario, extenuante y aburrido, muchos marineros se entretenían jugando con las municiones, apostando a ver quién podría cargar con mayor cantidad, haciendo rodar proyectiles…, como si en lugar de trabajar con objetos explosivos lo hicieran con neumáticos o ropa de cama. Tampoco los oficiales mostraron demasiada diligencia en un destino a su juicio demasiado monótono como para requerir una atención seria, más allá de las apuestas a ver quién conseguía liderar el equipo más productivo de la base.

Así que sólo era cuestión de tiempo que sucediera lo que finalmente ocurrió poco después de las 22:15 del 17 de julio de 1944. Para entonces, las obras de ampliación y mejora practicadas en la zona del muelle proporcionaban la posibilidad de cargar dos buques de guerra a la vez y eso es lo que estaban haciendo los marinos presentes con dos barcos: el *Liberty SS E.A. Bryan* y el *SS Quinault Victory*. El primero ya tenía a bordo cerca de 4.600 toneladas de munición y explosivos, almacenadas en sus cinco bodegas tras cuatro días de carga, y el segundo había llegado aquella misma tarde y estaba empezando a recibir material. La única medida de seguridad era la barcaza antiincendios de la Guardia Costera amarrada en las proximidades.

En ese momento en las instalaciones de Port Chicago había 1.400 marineros negros y 71 oficiales blancos además de un centenar de marines y 230 empleados civiles. De todos ellos, algo más de 300 personas –incluyendo tripulantes de los barcos– se encontraban en el muelle junto con más de 400 toneladas de bombas esperando a ser transportadas.

Nadie sabe cómo, dónde o por qué, pero según varios supervivientes, en ese momento se escuchó el sonido de madera astillándose y una primera explosión sacudió la zona con un destello blanco que provocó el primer incendio y una enorme columna de humo. A continuación se sucedieron varias detonaciones más, como si hubiera comenzado una traca monumental, a medida que se incendiaban distintas cargas. Unos segundos después, se produjo una segunda y devastadora explosión al estallar prácticamente al mismo tiempo todo el cargamento del *Liberty SS E.A. Bryan*.

Los 400 metros de muelle y todos los que estaban sobre él fueron volatilizados en un instante y una columna de fuego y humo se alzó, infernal, a más de dos kilómetros de altura. Varios cientos de personas más que estaban en las barracas de la base resultaron también heridas y numerosos edificios y equipo, dañados e incluso destruidos. La tripulación de un avión que pasaba por la zona dijo haber visto pedazos de metal «tan grandes como una casa» volando por el aire. La proa del *SS Quinault Victory* fue catapultada a 500 metros de distancia y casi todo el resto del buque fue pulverizado. La barcaza amarrada en las proximidades fue lanzado también a más de 150 metros y se hundió. Uno de los proyectiles del muelle impactó contra otro barco que pasaba cerca, el *SS Redline*: llegó a su sala de máquinas pero para fortuna de su tripulación, no explotó.

El resplandor de la explosión fue visto desde San Francisco y la onda expansiva dejó más de un centenar de heridos en Port Chicago. Muchas personas de la zona de la bahía confundieron esta catástrofe con un terremoto y de hecho los sismógrafos del vecino Estado de Nevada la confundieron con un seísmo de magnitud 3,4 en la escala de Richter.

Tras recuperarse de la primera impresión y sin saber realmente si la costa oeste de los EE.UU. se encontraba bajo ataque, los supervivientes de la base se pusieron manos a la obra con la mayor rapidez posible para apagar los incendios antes de que afectaran a otros cargamentos de explosivos. Llegaron los equipos de emergencia de Port Chicago y todo el que pudo ayudó a evacuar heridos y controlar la situación. La Armada envió refuerzos en cuanto tuvo conocimiento oficial del hecho. También comenzó la penosa recuperación de cadáveres: de las 320 personas –202 eran de raza negra– que fueron dadas por muertas sólo fue posible recuperar 51 cuerpos, además de un número indeterminado de restos humanos inidentificables…

Con las primeras luces del día, los estragos de la explosión se hicieron aún más patentes y los oficiales al mando azuzaron a los equipos de reconstrucción para que limpiaran cuanto antes la zona afectada, retiraran los escombros y trataran de devolver la normalidad a la todavía conmocionada población de Port Chicago.

Menos de un mes más tarde, la base había sido recuperada y estaba preparada para retomar su trabajo habitual, aunque no sin reticencias. El 9 de agosto, 258 de los 328 marineros del batallón de artillería a los que se les ordenó retomar el trabajo, se negaron a hacerlo y se amotinaron. Habían sobrevivido al siniestro y no estaban dispuestos a arriesgar su vida por segunda vez. La mayoría fue expulsada de la Armada, junto a la pérdida de tres meses de soldada por desobedecer órdenes, tras enfrentar un consejo de guerra. Medio centenar fueron condenados a entre 8 y 15 años de trabajos forzados, aunque en enero de 1946 fueron todos indultados.

La investigación abierta por la Armada nunca aclaró lo sucedido. La causa más probable según sus informes habría sido la explosión de un elemento «altamente sensible» durante la manipulación normal o bien una deflagración por un descuido o manejo brusco de un marinero. Se consideró también otras posibilidades como el fallo de una pluma de carga, una colisión de la locomotora que arrastraba los vagones cargados con municiones hasta la zona del muelle, un accidente relacionado con un mal amarre del *SS Quinalt Victory* e incluso la improbable hipótesis de sabotaje. Independientemente de cuál fuera, la equivocación inicial fue la forma de plantear el desarrollo del trabajo.

Las compensaciones del gobierno norteamericano a los vecinos de Port Chicago por sus heridas y por los daños de sus casas fueron reducidas, pero con la SGM en marcha no tuvieron demasiado ánimo para protestar. Desde el punto de vista informativo, las noticias del avance de los Aliados hacia París tras el desembarco del mes de junio y del atentado contra Hitler organizado por Claus von Stauffenberg y su grupo de conspiradores desviaron la atención de lo ocurrido en California. La Armada compraría años después los terrenos de la pequeña ciudad y en 1968 demolió los edificios para que no quedara rastro de lo sucedido.

No obstante, esta catástrofe sirvió para dar visibilidad a la discriminación racial y potenciar el trabajo de los que luchaban contra ella. En 1945, la Armada creó las primeras unidades mixtas, aunque aún quedaría mucho camino por recorrer…

Board Votes To Continue Wadleigh High School

FIRST with the NEWS

The New York Age

5c. Pay No More

VOL. 59, No. 9 — NEW YORK, N. Y., SATURDAY, JULY 22, 1944 — TWELVE PAGES

Sara Speaks Continues Attack On Powell's Record; Calls Him Irresponsible Publicity Seeker

Spingarn Medalist

200 Negroes Among Calif. Explosion Dead

Wadleigh, Benjamin Franklin High Schools To Continue Operations; Full Supervisory Staffs Retained

2,188 Cases Pending In Files Of F.E.P.C. Agency Head Reports

TWO HUNDRED NEGRO SAILORS AMONG DEAD, MISSING AND INJURED IN CALIF. EXPLOSION

Ensign Joseph Williams First Negro To Graduate From Merchant Marine Academy

Graduate Gets Appointment

Nearly 2,000 Negro Women Enrolled In Nurse Cadet Corps

Race And Color Declared World Problems At Ten-Day Institute For An Enduring Peace

La prensa de la época informó días después y con titulares que hablan por sí solos. Ésta es la edición de *The New York Age* del 22 de julio de 1944.

El mariscal Montgomery y el jardín marchito

Pese a su aureola como gran líder militar británico, Bernard Law Montgomery, *Monty* para los amigos, no consiguió grandes victorias durante la SGM. Los historiadores contemporáneos coinciden en señalar que muchos de sus triunfos fueron pírricos, poco rentables por las pérdidas humanas y materiales invertidas en ellos, y rara vez decisorios para la marcha de la guerra. Sin embargo, Inglaterra necesitaba héroes y encontró en él al personaje con el que construir uno, así que puso su siempre bien engrasada máquina de propaganda a trabajar y elevó su imagen hasta cotas insospechadas...

Sometido a una estricta educación victoriana, su infancia no fue fácil y su carácter rebelde casi le lleva a ser expulsado de la Real Academia de Sandhurst donde al final consiguió graduarse antes de incorporarse al I Batallón del Regimiento Real de Warwickshire. Enviado a la india, allí fue ascendido a teniente y, durante la PGM fue trasladado a Francia donde resultó herido por los disparos de un francotirador en la localidad francesa de Méteren. Podría haber muerto en esta acción de guerra de no haber sido por un sargento que acudió en su ayuda y también fue abatido. El cadáver del sargento cubrió al oficial y le evitó el tiro de gracia, hasta que pudo ser rescatado.

Ya en 1918, Montgomery fue nombrado Jefe del Estado Mayor de la 47 División con el grado de teniente coronel y, más tarde, recibió el cargo de comandante del Real Regimiento de Fusileros. Participó en distintas misiones desde Irlanda hasta Palestina regresando incluso a la India. Allí perdió a su esposa, Elizabeth Carver, con la que llevaba casada diez años y con la cual tuvo su único hijo, David. La mujer murió por una septicemia tras ser picada por un insecto venenoso y este golpe sumió a Montgomery en una depresión de la que sólo pudo salir adelante concentrándose en su oficio militar.

Ascendido a general en 1938, fue destinado de nuevo a Francia cuando estalló la SGM y vivió en persona el desastre de la BEF en Dunkerque. En 1942 se le dio el mando del VIII Ejército británico en el norte de África y pese a la clara superioridad en tropas y equipamiento fue incapaz de derrotar a su archienemigo, el general Erwin Rom-

Monty observa la evolución de una ofensiva en el norte de África desde la torreta de un tanque norteamericano M3 Lee Grant.

mel, hasta que el alemán se quedó sin pertrechos –combustible y municiones, sobre todo– para proseguir sus audaces ataques en la región.

Tras la derrota del *Deutsche Afrika Korps*, embarcó junto con sus tropas con dirección a Sicilia, donde mantuvo una peculiar y macabra carrera con el general norteamericano George S. Patton por ver cuál de los dos ejércitos completaba antes la conquista de la isla, preludio de la invasión de la Italia continental. El vencedor de esta competición fue el militar estadounidense, cuyas unidades avanzaron con mayor rapidez al beneficiarse del hecho de que enfrentaron tropas italianas desmotivadas y de baja calidad, mientras los británicos tuvieron que vencer palmo a palmo la enconada resistencia alemana.

Su capacidad para organizar despliegues militares e improvisar maniobras tácticas sobre la marcha, su estricta aplicación de la disciplina, su autoconfianza y la buena relación con sus tropas debido a su buen carácter reforzaron su imagen tanto entre sus superiores como entre las tropas a su mando, a pesar de lo trabajoso de sus victorias.

M. E. Clifton James representa su papel saludando a oficiales británicos en Gibraltar.

Para despistar a los alemanes durante los preparativos del Día D, los servicios británicos de inteligencia diseñaron la Operación *Bodyguard* (*Guardaespaldas*) de contrainformación, compuesta a su vez de varias misiones en distintos puntos de Europa. En su calidad de alto mando y como uno de los generales más conocidos del ejército inglés, Montgomery fue objeto de una de ellas: la Operación Copperhead (*Cabeza de Cobre*), para la cual fue reclutado en la primavera de 1944 el teniente Meyrick Edward Clifton James. Este australiano había sido actor antes de la SGM y poseía un extraordinario parecido con Montgomery, así que recibió el encargo de prepararse exhaustivamente para poder imitarle y ejercer de «doble» ocultando así los verdaderos movimientos del líder militar británico.

Clifton James estudió numerosas fotografías y películas de Montgomery hasta que aprendió a moverse y hablar como él. A finales de mayo de 1944 fue enviado a visitar Gibraltar, donde fue recibido con honores y paseado en automóvil descubierto hasta la residencia del gobernador de la colonia británica, quien creyó estar en presencia del *Monty* original. Desde allí partiría rumbo a Argel.

La idea era hacer creer a los alemanes que el esperado desembarco del Día D se produciría en el sur de Francia y de alguna manera el viaje del doble contribuyó al engaño porque los alemanes decidieron retirar parte de las tropas que tenían cerca del Canal de la Mancha y desplazarlas al sur. También se plantearon atentar contra el avión donde volaba el supuesto Montgomery cuando regresara vía Gibraltar, pero el doble se salvó porque desde Argel fue trasladado a El Cairo, donde tuvo que esperar al final de la SGM.

Ascendido a mariscal del 21 Grupo de Ejércitos durante la campaña de Francia tras el Desembarco de Normandía, Montgomery planificó entonces una de las operaciones más desastrosas de los Aliados durante la SGM. Sin duda, fue su principal error militar en esta guerra: la Operación Market-Garden (*Mercado-Jardín*) en Holanda.

En septiembre de 1944, las tropas angloamericanas habían liberado París y Bruselas y marchaban hacia la frontera alemana por el oeste mientras las soviéticas hacían lo mismo por el este. El optimismo reinaba en el cuartel general de los Aliados, donde cada vez más oficiales empezaban a pensar que la guerra terminaría en pocas semanas o, a lo sumo, antes de Navidad. Montgomery era uno de ellos. Estaba convencido de que, tras la conquista de Bélgica, Alemania no tardaría en rendirse y quería que Inglaterra estuviera en primera línea cuando eso sucediera. La Fuerza Expedicionaria Aliada en Europa estaba comandada por el general norteamericano Eisenhower, algo que hería profundamente el orgullo británico a pesar de que sin la intervención de Estados Unidos el Reino Unido habría terminado capitulando ante el III Reich. Además, en el Pacífico, las tropas norteamericanas también eran las encargadas de llevar la iniciativa contra Japón, tras el papel poco brillante de los británicos desplazados en sus antiguas colonias asiáticas.

Monty, como Churchill y el resto de dirigentes políticos y militares ingleses, habían visto cómo Francia quedaba en segunda e incluso tercera fila a la hora de tomar decisiones ante el empuje de los norteamericanos y los soviéticos –en las cumbres de «los grandes», como se llamó a las reuniones periódicas de Roosevelt, Stalin y Churchill, no había presencia oficial francesa de la misma categoría– y temían que lo mismo le sucediera a su país. Por si fuera poco, la rivalidad personal de Montgomery con Patton no había disminuido, más bien al contrario: las sucesivas victorias conseguidas por el general norteamericano le escocían personalmente pues consideraba que simplemente había tenido fortuna y se le había adelantado, cuando era él quien debía haber disfrutado de esos honores.

Así pues, Montgomery diseñó su plan para conquistar Holanda y recordar que el Imperio Británico era un socio imprescindible para ganar la guerra. Luego consiguió el apoyo personal de Churchill y discutió con Eisenhower hasta conseguir que se lo aprobara. Básicamente, se trataba de organizar el mayor asalto paracaidista de la historia en una doble operación: la Market lanzaría a las tropas aerotransportadas tras las líneas alemanas para apoderarse de los puentes de salida de su retaguardia en las localidades holandesas de Veghel, Grave, Nijmegen, Eindhoven y Arhnem y la Garden implicaba la invasión de blindados e infantería aliada desde Bélgica. Tomados entre dos fuerzas, los germanos serían derrotados y el camino quedaría expedito mediante la conquista de los puentes hacia la zona más industrial del Reich: la cuenca del Ruhr y Renania. Si caían esa regiones, la falta de materias primas terminaría de hundir a Alemania en un breve plazo.

El mismo *Monty* se encargaría de dirigir las operaciones con el I Ejército Aerotransportado Aliado para Market –que incluía, entre otras unidades, la 101 División Aerotransportada Estadounidense– y el II Ejército Británico para Garden. El despliegue incluía a unos 100.000 hombres –no sólo británicos y norteamericanos, sino también irlandeses, belgas, holandeses y polacos– y más de 7.200 aviones entre transportes, planeadores, bombarderos, cazabombarderos y cazas.

Sin embargo, las tropas alemanas instaladas en Holanda no estaban integradas precisamente por reclutas novatos. Bajo el mando del mariscal Walter Model, se aglutinaba el Grupo de Ejércitos B que contaba, entre otras unidades, con dos divisiones Panzer de las

Waffen SS y el veterano I Ejército Paracaidista o *Fallschirmjäger* con un exitoso historial a sus espaldas.

La Operación Market se inició el 17 de septiembre de 1944. Al principio, todo fue relativamente bien, aunque con algunos errores en la ubicación de los saltos. La ofensiva paracaidista tomó por sorpresa a los alemanes, hasta el punto de que el propio Model pudo huir a duras penas cuando los anglosajones empezaron a aterrizar a escasos metros del chalet de Oosterbeck donde residía en aquel momento. Luego consiguieron tomar varios de los puentes en disputa, aunque no pudieron evitar que los alemanes volaran otros. Mientras, la Operación *Garden* comenzó con una fuerte preparación artillera y la posterior invasión de territorio holandés por parte de los blindados aliados.

Quizá la peor equivocación cometida en la ejecución de este plan fue la de un oficial anónimo, que se dejó los documentos que contenían toda la operación en uno de los planeadores británicos tipo Horsa a bordo del cual había llegado junto a su unidad hasta suelo holandés. Un soldado alemán encontró estos papeles y rápidamente los trasladó al mando. Model los estudió al detalle y desarrolló una eficaz táctica para contrarrestar toda la ofensiva.

A partir de ese momento la Operación Market-Garden fue paralizada por la resistencia alemana y, después de una serie de ataques y contraataques de ambos bandos que costó un elevado número de víctimas holandesas civiles, el 21 de septiembre el comandante alemán cerró el embolsamiento de las tropas aliadas que habían quedado atrapadas en la retaguardia germana en Arnhem sin posibilidad de recibir ayuda.

La situación aliada era tan catastrófica que Montgomery no tuvo más remedio que reconocer su fracaso y el 22 de septiembre puso en marcha la Operación Berlín, diseñada para evacuar a todas las tropas enviadas a Holanda de vuelta a Bélgica, Francia o Reino Unido. La humillante retirada bajo el fuego enemigo de las últimas unidades en la zona se consumó el 25 de septiembre.

La Operación Market-Garden arrojó cifras de pérdidas impensables para los Aliados a tenor de cómo estaba transcurriendo la guerra. El número de bajas entre muertos y prisioneros alcanzó las 17.000

Tropas alemanas enterraron aquí a un paracaidista inglés que murió probablemente por los disparos recibidos en la cabeza, como se aprecia en su casco perforado. El texto del cartel, escrito en alemán, dice: «Soldado británico desconocido».

–de las que 13.000 correspondían a las tropas británicas–, frente las 3.000 de los alemanes entre muertos, heridos y desaparecidos. Los Aliados perdieron además 300 aviones, 88 tanques y una cantidad indeterminada pero muy elevada de material de guerra, frente a los 159 aviones y 30 tanques germanos destruidos. A todo ello había que sumar unos 10.000 holandeses muertos, la mayoría de ellos civiles.

Sin embargo, para Montgomery lo peor era que había perdido la oportunidad que tanto había anhelado para cumplir su triple objetivo: acelerar la derrota alemana, colocar al Reino Unido al frente de los Aliados codo con codo con EE.UU. y la URSS y conseguir el gran éxito personal por el que pudiera ser recordado como uno de los grandes estrategas de la SGM. En lugar de ello, su error estancó el frente occidental e impidió un gran asalto aliado al territorio alemán, inyectó una necesaria dosis de moral para el III Reich y dio un respiro a la Wehrmacht para reorganizarse y fortalecer sus defensas.

El caso de Ramón Tobeñas Cirac

Entre los colaboradores de Montgomery figuró el aragonés Ramón Tobeñas Cirac. Natural de Caspe, había militado en Izquierda Republicana y en la CNT, además de combatir como miliciano republicano en la guerra civil española de 1936/39. Tras la victoria franquista escapó a Francia como otros miles de simpatizantes de la república. Ingresado en uno de los campos de concentración creados por París para contener en ellos la marea de refugiados españoles, fue trasladado junto con un número indeterminado de ellos a las posesiones francesas en el norte de África. Cuando los angloamericanos desembarcaron y tomaron la región, propusieron a los antiguos combatientes de la guerra civil incorporarse a sus filas.

Cientos de españoles, entre ellos el propio Tobeñas, aceptaron la oferta a cambio de ayuda para sus familias. Algunos ingresaron en la Legión Extranjera y otros como él –hasta 184, una compañía completa– lo hicieron en el cuerpo de paracaidistas del VIII Ejército de *Monty*, al que acompañaron incluso tras el desembarco de Normandía, pisando las playas francesas tras él.

En 1969, cuando estaba a punto de cumplir los 67 años, fue entrevistado por el periodista Alfonso Zapater, también aragonés, al que Tobeñas contó sus aventuras bélicas en los frentes de Orán, Argel, Túnez y Alejandría. En ese momento también explicó su relación con Montgomery, del que decía que los españoles «lo queríamos mucho y estábamos con él» porque «era un hombre inteligente y enérgico, a pesar de lo poco que aparentaba».

A mediados de octubre de 1944, los «españoles de Monty» fueron embarcados rumbo a Glasgow y no volvieron al campo de batalla. La relación del líder militar británico con ellos era tan buena que, al finalizar la guerra, se preocupó de que les facilitaran una ocupación y les incluyeran en una bolsa de trabajo. Tobeñas fue empleado en una fábrica textil encargada de proveer trajes civiles para los militares que estaban siendo desmovilizados y después pasó por distintas empresas y sectores, desde la construcción hasta la automoción o la carpintería de muebles. Se nacionalizó británico, se compró una casa y se jubiló en el Reino Unido, antes de regresar definitivamente a su Caspe natal, donde falleció en 1996.

El listo de Schindler

Hollywood es, como reza su publicidad, una gran fábrica de sueños…, y también de mentiras y errores. Fueron algunos colonos blancos y no los indios los primeros en escalpar cabelleras; los legionarios romanos de la época de Julio Cesar nunca usaron la conocida armadura de placas, que es de época imperial; y la historia real del verdadero Oskar Schindler no es la del arrepentido vividor cuyas peripecias encarna el actor Liam Neeson en la multipremiada *La lista de Schindler* que Steven Spielberg rodó en 1993. Un largometraje que le reportó, entre otros galardones, siete premios Oscar, lo que no deja de ser llamativo, teniendo en cuenta que otras obras más taquilleras de su filmografía como *Tiburón*, *ET*, *Encuentros en la Tercera Fase* o las aventuras del celebérrimo Indiana Jones jamás obtuvieron semejante reconocimiento de la Academia.

La lista de Schindler fue rodada casi íntegramente en blanco y negro con el fin de impresionar mejor al espectador. De hecho, esta película se emplea como referente para ilustrar la persecución de los judíos por el III Reich y en ese sentido ha sido incluida en los planes de estudio de varios países occidentales, además de ser exhibida regularmente en los canales de televisión. Sin embargo, más que «basada en hechos reales» como reza la etiqueta de tantas producciones cinematográficas, ésta en concreto fue rodada a partir de una novela: la que publicó el escritor australiano Thomas Keneally en 1982 a instancias de Poldek Pfefferberg, uno de los antiguos *Schindlerjuden* o *judíos de Schindler*, como fueron denominados los empleados por el protagonista de la película.

Un moderno Noé

Leopold *Poldek* Pfefferberg nació en una familia judía de Cracovia, cuando ésta formaba parte todavía del Imperio Austrohúngaro. En calidad de oficial polaco, en 1939, sufrió la aplastante derrota ante la guerra relámpago alemana. Una vez consumada la ocupación de su país por alemanes (en el oeste) y soviéticos (en el este), «los oficiales tuvimos que decidir si íbamos a un lado o a otro. A pesar de ser judío, yo decidí no ir hacia el este. Si lo hubiera hecho, me habrían matado con todos los demás pobres hijos de puta en el bosque de Katyn» declaró años más tarde en una entrevista.

Así que se quedó en su ciudad natal y, con el tiempo, fue detenido por su condición de judío y destinado al campo de concentración de Plaszow, un suburbio al sur de Cracovia. Allí fue reclutado por Schindler, que ya le conocía de antes de su detención, para trabajar en su fábrica. Después de la guerra, se instaló en Los Ángeles (EE.UU.) donde abrió una tienda entre cuyos clientes contaba con cineastas y escritores. Intentó llamar la atención de todos ellos para llevar al gran público su versión de la historia del empresario, del que se convirtió en uno de sus principales amigos, y de paso embolsarse unos ingresos extra. No tuvo mucho éxito hasta que apareció Keneally, al que convenció de que podía ser una buena idea para un *best seller*, en una época en la que tras el éxito televisivo de la serie *Holocausto*, autores como él andaban a la

Cartel de la película *La lista de Schindler*.

caza de «una buena historia de nazis» que pudiera venderse a un creciente porcentaje de público interesado en la materia.

El escritor australiano vio las posibilidades del argumento y llegó a un acuerdo con Pfefferberg, quien trabajó como principal asesor de su novela e incluso inspiró el título, al describir al protagonista como «un moderno Noé» capaz de salvar a 1.200 judíos. De ahí que el título original fuera *El arca de Schindler*, aunque en distintos países se tradujo de manera diferente, cambiando la palabra *arca* por *lista.*

Una vez publicado el libro, Pfefferberg buscó la forma de continuar la divulgación en forma de película y, tal y como él mismo contó, empleó su contacto personal con la madre de Steven Spielberg para tener acceso al director de cine. Según sus propias palabras, llamó a la oficina del cineasta durante 11 años hasta que consiguió convencerle para que adaptara la obra de Keneally y, naturalmente, también obtuvo un trabajo como asesor para el largometraje. Falleció en marzo de 2001 en Beverly Hills, a los 87 años de edad.

La novela de Keneallly advierte de que se trata de «un producto de ficción. Nombres, personas y lugares e incidentes son producto de la imaginación del autor o han sido utilizados ficticiamente. Cualquier semejanza con hechos reales, lugares o personas reales, vivas o muertas, es mera coincidencia.»

Esta letanía literaria es muy usual en las adaptaciones de obras con trasfondo histórico, sobre todo en la cultura de la edición angloamericana, al objeto de proteger a autores y editoriales ante posibles denuncias por parte de personas vivas que hubieran podido estar implicadas en los hechos narrados y se mostraran ofendidas o simplemente en desacuerdo con lo publicado con lo que podrían exigir previa denuncia una rectificación y/o una compensación económica por la versión difundida. Es, también, un reconocimiento de que una novela es una interpretación subjetiva de hechos históricos, no un relato fiel de los acontecimientos. El detalle es importante porque muchas obras sobre la SGM publicadas a partir de 1945 contienen informaciones inexactas o erróneas sobre diversos acontecimientos que, al ser combinadas con sucesos verídicos, terminan por ser admitidas sin más, como si también fueran reales.

El argumento tanto del libro como de la película nos cuenta la historia de Oskar Schindler, un ambicioso y cínico empresario dispuesto a hacer negocios con cualquiera con tal de financiar su estilo de vida ideal, basado en el lujo y el placer. La guerra es para él una gran oportunidad de culminar sus aspiraciones y por ello utiliza su seductora presencia y su eficiente inteligencia para contactar con los principales oficiales del ejército alemán victorioso en Polonia y ofrecerles sus servicios, facilitando la ocupación. El negocio más importante que pone en marcha es el de una fábrica de menaje de cocina en Cracovia, que funciona con mano de obra esclava: judíos procedentes del vecino KZ de Plaszow, donde sólo residen los que pueden trabajar mientras que el resto es trasladado a Auschwitz-Birkenau. Gracias a los beneficios que le deja esta fábrica, vive como un millonario disfrutando de sucesivas amantes ante el desengaño de su esposa.

Paralelamente, nos describe al oficial de las SS Amon Göth, nombrado comandante de Plaszow, que desde el primer momento muestra un carácter duro, despiadado e incluso sádico con los prisioneros, a los que maltrata y asesina a su gusto. Una de las secuencias más famosas y dramáticas del largometraje es aquélla en la que dispara a los internos del campo de concentración desde el balcón de la mansión en la que está alojado, en lo alto de una colina desde la que tiene una amplia perspectiva de tiro, sólo por entretenerse haciendo puntería. El espectador se plantea, sobrecogido, cómo alguien puede ser tan inhumano..., hasta que tiene ocasión de examinar la documentación obtenida por las fotografías aéreas que los Aliados tomaron de Plaszow y comprueba allí que esta escena nunca pudo ocurrir en la vida real. Y es que la casa donde residía Göth no estaba en una colina por encima, sino en una ladera por debajo del nivel de la zona de barracas del KZ. Es más: su balcón se encontraba en la fachada opuesta, con vistas fuera del campo, no hacia el interior. Si una denuncia tan brutal como ésta resulta ser falsa, una mera invención para reforzar la imagen de maldad del comandante SS, es lícito preguntarse cuántos detalles más de los que se aprecian en la obra de ficción y que se presuponen verídicos están en realidad tergiversados, y hasta qué punto.

Por ejemplo, en otro momento de la historia y sin explicar muy bien por qué, la conciencia de Schindler se despierta y decide que debe salvar a todos los judíos que pueda –especialmente a mujeres y niños sin cualificación suficiente para trabajar– evitando que sean trasladados a Auschwitz, así que con la ayuda de su secretario y contable judío Itzhak Stern aumenta la lista original de 800 trabajadores de la fábrica hasta los 1.200. Para mantenerlos a salvo, se gasta su fortuna en sobornos y regalos que entrega a los mandos alemanes, con el fin de que hagan la vista gorda. Al final de la guerra, vencido por el sentimiento de culpa, les entrega el dinero que le queda con el fin de facilitarles una nueva vida, mientras se queda solo reprochándose no haber podido salvar a más personas… Pero esto tampoco sucedió exactamente así.

Uno de los principales aciertos de la película fue contratar a Neeson para interpretar el papel protagonista, ya que este actor norirlandés cuenta con enormes simpatías del público tanto europeo como norteamericano al desprender un aura de hombre honesto y firme en sus convicciones que ha desplegado en multitud de personajes, desde el maestro jedi de *La amenaza fantasma*, hasta el sacerdote jesuita de *Silencio*, pasando por el viudo y amoroso padre de *Love actually* o el honesto escocés protagonista de *Rob Roy*. El magnetismo personal de este actor garantizaba que el público estuviera más dispuesto a perdonar los aspectos más oscuros del empresario, así como a creer en su metamorfosis hacia el hombre bueno y preocupado por los demás que aparece al final de la historia.

Sin embargo, el Schindler de verdad y su peripecia vital se alejan de este retrato agradecido y supone un buen ejemplo de la expresión «es bueno tener amigos hasta en el infierno». El lavado de imagen gracias al cual hoy es apreciado como un hombre redimido e incluso «justo entre las naciones» –tal y como se le describe en el museo Yad Vashem de Jerusalén– sin duda debe mucho a su capacidad para tejer complejas redes de contactos e intereses en los distintos lados en conflicto durante la SGM. Casi todo lo que conocemos sobre su vida se

Los verdaderos Stern (a la izquierda) y Schindler (a la derecha) tras la guerra.

basa en dos fuentes originales muy diferentes: sus propias memorias, escritas por él al poco de terminar el conflicto –y usadas para el libro y la película– y las de quien fuera su esposa, Emilie, cuya versión de los hechos basada en los diarios que llevó durante años contrasta bastante, a veces de manera espectacular.

Nacido en 1908 en Svitavy, localidad del Imperio Austrohúngaro hoy ubicada en la República Checa, desde joven Oskar Schindler fue conocido por sus vecinos por su capacidad para beber, contraer deudas de juego y mantener relaciones con todas las mujeres que se cruzaran en su camino. En 1935 se afilió a un partido nacionalista alemán de los Sudetes y un año después comenzó a trabajar para la Abwehr, el servicio de espionaje del ejército germano. Detectado y detenido por las autoridades checoslovacas, fue puesto en libertad a raíz de la anexión de los Sudetes al Reich. Entonces, Schindler solicitó el ingreso en el partido nacionalsocialista, donde ingresó en 1939. Continuó trabajando exitosamente para la Abwehr en sucesivas misiones en algunas de las cuales recibió el apoyo incondicional de su esposa Emilie, quien nunca le abandonó pese a las sucesivas aventuras amorosas de su marido, como las que mantuvo con su secretaria Viktoria Klonowska o con una de sus trabajadoras, Eva Kisch Scheuer.

Tras la invasión de Polonia se instaló en Cracovia donde conoció a Pfefferberg, hijo de la decoradora de su nuevo apartamento, quien se convirtió en su proveedor de productos en el mercado negro y más tarde en uno de sus mejores amigos. También conoció allí a Stern, inicialmente un contable de uno de sus compañeros en la Abwehr. Gracias a la política de expropiación de bienes judíos, se vio al frente de la *Deutsche Emailewaren Fabrik*, una fábrica oficialmente dedicada a productos esmaltados pero que en realidad dedicó gran parte de sus instalaciones a la fabricación de proyectiles y otros materiales para el ejército alemán. En ella llegaron a trabajar cerca de 1.800 personas, en torno a un millar de las cuales eran judías. No consta que Schindler abandonara el aparato de contraespionaje alemán durante los años siguientes. Al contrario, pudo simultanear perfectamente esta actividad con el funcionamiento de su fábrica, contribuyendo hasta la última época de la ocupación alemana en Polonia en la recopilación de información y confección de otro tipo de listas, usadas para detener y eliminar a los enemigos del Reich.

Aun considerando sólo su trayectoria, tampoco puede decirse que fuera una *rara avis*, como trata de convencernos la ficción. Hubo muchos Schindler durante aquellos años, tanto en Alemania como en los territorios controlados por este país: empresarios hábiles y ambi-

Schindler, celebrando los cuatro años de funcionamiento de su fábrica con algunos de sus empleados.

ciosos –afiliados o no al partido nacionalsocialista, miembros o no de la Abwehr–, que a menudo destinaban su producción al esfuerzo de guerra alemán aprovechando la «mano de obra barata» –es decir, esclava– tanto judía como no judía. A estos empresarios les interesaba cuidar de sus trabajadores no por razones humanitarias, por dignidad o por caridad, sino simplemente porque cuanto mejor fueran tratados y alimentados, más podrían producir y por tanto mayores beneficios podrían embolsarse a la larga con su explotación. De todas formas, en los diarios de Emilie, ésta deja por escrito su temor a terminar detenida junto a su marido por las «malas condiciones» de vida de los «trabajadores» de su fábrica, así como el decepcionado convencimiento de que Schindler había tenido tiempo suficiente para «darse cuenta de la realidad» acerca del régimen nacionalsocialista al que servía sin remordimientos.

Lo cierto es que Schindler jamás tuvo un «despertar de su conciencia», sino que supo escapar a tiempo del desastre final. Como espía, fue muy consciente del momento en el que todo estaba perdido y no tuvo reparo en buscar los más inesperados aliados a la hora de salvar el pellejo, incluyendo al mismísimo Joint o JDC (abreviatura del *Comité Judío Americano de Distribución Conjunta*: una organización fundada en 1914 y presente hoy en más de 70 países, con el objetivo de ayudar a las comunidades judías con programas de asistencia social y/o humanitarios). El propio Schindler reconoció en sus memorias que fue contactado por el JDC a través del mayor Franz von Korab, uno de los numerosos *Mischlinge* o medio judíos que integraron el ejército alemán durante la SGM.

Arios y judíos

Las leyes raciales del III Reich diferenciaban entre arios y judíos considerando a estos últimos como una raza diferente, inasimilable al Estado nacionalista alemán, pero también reconocían la existencia de *Mischlinge* (literalmente, *mestizos*, *bastardos* o *híbridos*). Su presencia era un problema para la mentalidad de los nacionalsocialistas, a los que resultaba difícil depositar en ellos la misma confianza que en los arios «puros» pero tampoco deseaban expulsarlos del país como a aquéllos que tenían sangre «extraña».

La legislación germana definía como judío a quien profesara esta religión o tuviera al menos tres abuelos judíos, con independencia de su fe personal. Las personas con uno o dos abuelos eran clasificados en la categoría de *Mischlinge*: de primer grado, si tenían los dos ascendientes y, de segundo grado, si sólo era uno. En el caso de los de primer grado, podían ser recalificados como judíos de acuerdo con factores como su religión o la de su pareja, pero también como arios de pleno derecho según los servicios que prestaran al Estado. Los historiadores calculan que al menos 150.000 *Mischlinge* sirvieron durante la SGM, algunos de ellos con honores Sigfried Simsch, Bernahrd Rogge, Wolfram Günther o Klaus von Schmeling-Diringshofen.

Un caso muy conocido fue el de Erhard Milch, quien llegó a ocupar el cargo de *Generaldfeldmarschall* o mariscal de campo como uno de los principales colaboradores del responsable de la Luftwaffe, Hermann Göring. El padre de Milch era judío, pero su madre logró ocultarlo durante años, aunque un equipo de la Gestapo descubrió la verdad. Göring en persona intervino para que cesara la persecución policial de su colaborador y amigo con su famoso aserto: «¡Yo decido quién es judío y quién no lo es!»

Paradójicamente, los sucesivos fracasos de Göring llevaron más adelante a Milch a apoyar a Göbbels y Himmler en la pretensión de que fuera destituido al frente de la fuerza aérea. Hitler decidió mantener a Göring y éste se vengó forzando a su antiguo colaborador a abandonar su puesto. Milch pasó el resto de la guerra trabajando a las órdenes de Albert Speer, ministro de armamento y guerra.

Convoy de deportados. Las leyes raciales del III Reich diferenciaban entre arios y judíos y su objetivo era «limpiar» la Gran Alemania de éstos últimos.

El representante permanente del JDC en la zona era el Dr. Kasztner y su enlace con Schindler fue el odontólogo Rudolf Sedlatschek. Su objetivo era ayudar al mayor número posible de judíos en poder de los alemanes, en especial a las personalidades de este origen recluidas en los campos de concentración. Los judíos norteamericanos bien situados en la banca y la política llevaban años trabajando con la idea de crear el Estado de Israel y buscaban a todo aquél que pudiera ayudarles en la tarea.

Según Schindler, tras consultar a sus propios trabajadores esclavos de mayor confianza, decidió llegar a un acuerdo con el JDC, facilitándole abundante información sobre la situación general en Polonia, la liquidación de los guetos, la ocupación en los campos de concentración... También accedió a montar la red de comunicaciones que le pedía Sedlatschek entre su fábrica, el KZ de Plaszow y los contactos exteriores. Aún más: presentó al odontólogo a Göth, quien le invitó a conocer el interior del campo. A cambio, reconoció haber recibido elevadas sumas de dinero –con las que podría financiar una nueva vida cuando finalizara la guerra– del mismo Sedlatschek, quien también pagó a Stern y a otros de sus colaboradores judíos.

Y seguramente algo más importante: promesas sobre su seguridad futura tras la derrota definitiva de Alemania.

Se trata de un hecho asombroso dadas las circunstancias políticas y bélicas de la época y, de haber sido conocido por las autoridades policiales del Reich, hubiera supuesto la detención y ejecución del empresario checo, no por salvar judíos sino por acusación de alta traición. Prueba de su posición personal y de la importancia de su fábrica es que no sólo mantuvo hasta el final el estatus «de interés militar» sino que, a medio año de terminar la guerra y en medio del colapso general, exigió y obtuvo el traslado y transporte de sus trabajadores y del equipo desde Cracovia hacia Brunnlitz (hoy, Brněnec) ante el avance de las tropas soviéticas. Y aquí llega el momento de la famosa lista…

La lista de Schindler original, en realidad, no fue sino una más de las muchas que se confeccionaron durante la SGM para controlar el transporte de soldados, civiles o presos a bordo de largos convoyes de ferrocarril de un punto a otro de Europa. No fue una innovación humanitaria del empresario checo sino el medio habitual de la asfixiante burocracia alemana para tratar de mantener en pie el servicio, en aquel momento escaso y muy preciado. El empresario quería comprobar que todos los trabajadores esclavos que le eran útiles en Polonia siguieran siéndolo en Checoslovaquia. Por cierto que en la novela de Keneally se cuenta que para ser incluido en esa lista era preferible pagar a Schindler o a sus colaboradores que confiar en su buena voluntad y su filantropía…

En mayo de 1945 los soviéticos llegaron también a Brunnlitz y Schindler no se lo pensó dos veces a la hora de huir, sabedor del destino que le esperaba como miembro de la contrainteligencia y con el agravante de que la resistencia checa le buscaba también para ajustar cuentas. Abandonó a su suerte a sus trabajadores y escapó disfrazado de prisionero judío junto con Emilie y un puñado de diamantes: los últimos restos de la fortuna que había dilapidado en una vida disipada. La pareja consiguió salir de Europa e instalarse en la Argentina de Juan Domingo Perón, igual que muchos otros exiliados de la Alemania nacionalsocialista.

Allí trató de poner en marcha varios negocios sin demasiada fortuna mientras se enteraba con creciente aprensión de que había entrado a formar parte de las listas de criminales de guerra confeccionadas por las autoridades del nuevo Estado de Israel nacido en 1948. Sorprendentemente, los israelíes decidieron dar por terminada la persecución en 1955 sin dar demasiadas explicaciones y, poco después, Schindler regresó a Alemania abandonando a Emilie en Argentina con la promesa de regresar.

Fragmento de la lista de Schindler.

Nunca lo hizo, aunque los negocios que puso en marcha a su regreso a Europa tampoco marcharon bien. Se declaró en bancarrota y sobrevivió con una pensión oficial y la ayuda de antiguos colaboradores como Pfefferberg y Stern, a los que pedía dinero regularmente. Moshe Beiski, uno de los judíos encargados de recoger dinero para él, comentó a la prensa cómo Schindler se gastaba con facilidad esas donaciones y recordó una triste anécdota: finalizada la guerra, los *Schindlerjuden* le regalaron un simbólico anillo de oro tras fundir los dientes de uno de los judíos supervivientes. Cuando en 1961 fue a visitarles en Israel, le preguntaron si aún lo conservaba, pero sin pudor alguno les contestó: «No, me lo bebí». Lo había empeñado para gastarse el dinero en alcohol…

Oskar Schindler murió el 9 de octubre de 1974 y está enterrado en un cementerio del Monte de Sión, en Jerusalén, un honor sin duda extravagante para alguien que, después de todo, no sólo fue un miembro reconocido del partido nacionalsocialista y un espía del Abwehr, sino una pieza eficiente de su maquinaria de guerra. Por eso, cuando se estrenó la película de Spielberg, las personas que no conocían su vida quedaron asombradas y maravilladas por la admirable redención del protagonista, pero quienes le habían conocido más de cerca la criticaron con dureza por la «reinterpretación» de los hechos reales y acuñaron el término *Schwindler* (*Estafador*) al añadir una *w* al apellido original.

Imagen de uno de los campos de concentración.

Tal fue el caso de la propia Emilie, que tiene un papel bien pobre en el largometraje pese a que fue una de sus colaboradoras más leales y eficientes, además de una persona que se preocupó mucho más que él por alimentar y facilitar condiciones sanitarias a los *Schindlerjuden*. En Argentina, se vio obligada a vender todas sus posesiones para pagar las deudas que le había dejado su marido y sólo logró salir adelante gracias a las ayudas que le facilitó la judería de este país, precisamente en agradecimiento por su labor en la mejora de las condiciones de vida de estos prisioneros. En una entrevista que Emilie concedió en 1993 al diario brasileño *Folha de Sao Paulo* a raíz del estreno de la cinta de Spielberg, se mostró especialmente severa con el recuerdo del que fuera su esposo, al que describió como «un inútil y un estúpido» que «en verdad no salvó a nadie como cuenta el libro» de Keneally, al que calificaba de «autor sensacionalista». Emilie estaba enfadada con una película que «está plagada de inexactitudes y hechos falsos» porque «si alguien hizo algo por los judíos fui yo».

Respecto a Göth, al igual que Neeson fue un acierto de *casting* para el papel protagonista, también lo fue el de Ralph Fiennes para encarnar el papel del comandante del KZ de acuerdo con la imagen de maldad que se deseaba imprimir en cada uno de sus planos. Con su gesto torturado y a menudo perverso, Fiennes creó un temible oficial SS, de acuerdo con el canon formal de villanos de Hollywood. El verdadero Göth fue capturado al final de la SGM y extraditado a Polonia, donde fue juzgado en la misma Cracovia, condenado a muerte y ejecutado en la horca en septiembre de 1946, en una prisión no muy lejos del antiguo campo de Plaszow.

No deja de ser curioso que este comandante se apellidara precisamente Göth, una palabra tan cercana a *Gott* (*Dios*) en alemán, por lo que simbólicamente su nombre Amon Göth podría traducirse como *Dios Amón*, una de las principales deidades de los antiguos egipcios, a los cuales también estuvieron en su día sometidos los judíos. Schindler asumiría así, en el imaginario de la ficción, no sólo el papel de Noé por su «arca» o lista salvadora, sino también el de Moisés liberando a su pueblo del cautiverio…

Heinz Heuer y el cigarrillo que salvó su vida

Algunas personas parecen tener la suerte en contra durante toda su vida mientras que otras podría decirse que disfrutan de la suya y de la ajena. Es el caso del berlinés Heinz Heuer, nacido en los estertores de la PGM en agosto de 1918 y cuya carrera militar comenzó justo al llegar a los dieciocho años, al enrolarse en un regimiento de artillería antiaérea. Poco después descubrió que en realidad lo que más le gustaba era el trabajo policial y a partir de 1938 sirvió en distintos destinos relacionados con la seguridad.

En 1945, los soviéticos destrozaban cascote a cascote lo que en su día había sido la orgullosa capital prusiana en la batalla de Berlín. Heuer lucía el rango de *Oberfeldwebel der Gendarmerie*, el equivalente a subteniente de la policía militar alemana, y era uno más entre el puñado de desesperados defensores. Su futuro se presentaba oscuro: si ya era peligroso caer en manos del Ejército Rojo, el riesgo se multiplicaba cuando uno pertenecía a las fuerzas policiales: en ese caso, lo mejor que podía pasarle era recibir un rápido tiro de gracia pues se contaban historias tremendas sobre las atroces torturas a las que los miembros de la NKVD sometían a este tipo de prisioneros.

Heuer dirigía un pequeño *Kampfgruppe* (*Grupo de combate*) de una treintena de hombres cuando el 16 de abril recibió una orden especial del general Hans Krebs para tratar de localizar y destruir uno de los puestos de mando avanzado que los soviéticos habían instalado en su barrio. Como el Ejército Rojo sólo progresaba siguiendo estrictas órdenes de sus superiores, aniquilar un núcleo de dirección de este tipo permitía ganar tiempo, aunque sólo fuese unas horas, a la espera de un milagro que, a la postre, nunca terminaría de llegar. Pero la esperanza es lo último que se pierde, así que armó a sus hombres con todo lo que encontró a mano, incluyendo lanzagranadas antitanque *Panzerfaust*, y al anochecer se puso en marcha.

Escurriéndose entre los escombros y la oscuridad, Heuer y sus hombres evitaron las patrullas soviéticas e incluso una columna de varias decenas de carros de combate que cruzaban estrepitosamente lo que quedaba de las calles berlinesas y consiguieron localizar el puesto de mando enemigo. Una vez allí lo tomaron por asalto y, tras eliminar a todos los soviéticos que pudieron, se apoderaron de importante documentación y mapas con posiciones de unidades y sus movimientos.

Felicitándose por anticipado del éxito de su misión, al regresar a sus líneas se toparon con los tanques que habían eludido a la ida y se desató un combate desigual. Pese a su inferioridad teórica, los alemanes echaron mano de un valor suicida y atacaron a los carros de combate

Heinz Heuer, seguro de sí mismo.

con un resultado espectacular ya que lograron destruir o inutilizar 27 tanques, de los cuales el propio Heuer dejó fuera de combate a 13. Una vez alcanzadas las líneas germanas, el *Oberfeldwebel* acudió a informar a Krebs, al que hizo entrega del botín capturado. El general condecoró a Heuer con la Cruz de Caballero de la Cruz de Hierro y le ascendió a oficial con el grado de *Leutnant* (*Alférez*). Lo hizo en presencia de los generales Wilhelm Burgdorf y Hermann Fegelein.

Este reconocimiento no resultó extraño para Heuer, hombre con iniciativa y acostumbrado a coleccionar condecoraciones. A lo largo de sus años de servicio, había recibido la Cruz de Hierro de segunda clase y también la de primera clase, la medalla del frente del Este, la Cruz al mérito de guerra de segunda clase con espadas, la insignia de herido de guerra en plata, la de conductor de primera línea en oro y las de destrucción de tanques en plata y también en oro.

Como colofón especial a su ascenso, se le encargó de inmediato una nueva misión: debía entregar en mano un mensaje personal de Hitler al general SS Felix Steiner. Hacer de cartero militar en circunstancias normales podría parecer insuficiente para un tipo de sus características pero, en la difícil situación en la que se encontraba Berlín, entregar una nota oficial de esta importancia no era un encargo para cualquiera. Así se demostró cuando, pese a sus precauciones, Heuer fue interceptado y capturado por un grupo de vanguardia de soldados soviéticos.

Demostrando una vez más su temple, el nuevo *Leutnant* se metió el mensaje en la boca y se lo comió antes que entregarlo a sus captores. Los soviéticos cometieron entonces dos errores. Primero: en lugar de dispararle directamente y abandonar su cadáver como tantos otros que alfombraban Berlín en aquel momento, le entregaron una pala y le dijeron que cavara su propia tumba para enterrarle en ella. Segundo: cuando terminó, antes de dispararle, le ofrecieron, como medida de gracia en atención a su condición de oficial, un último cigarrillo.

La suma de estos dos errores salvó la vida de Heuer, porque el tiempo ganado mientras cavaba y luego fumaba le permitió vivir una inesperada ofensiva artillera alemana. Varias explosiones sacudieron la zona y, de inmediato, los soviéticos se arrojaron al suelo para guarecerse de la metralla. Su prisionero aprovechó los segundos de desconcierto para escapar corriendo. Seguramente, ésta es una de las pocas ocasiones registradas en las que, en lugar de matar, el hecho de fumar cigarrillos salvó una vida...

La odisea de Heuer no concluyó aquí. La guerra en Europa terminó pocas semanas después y de nuevo fue capturado y enviado, como otros muchos alemanes, al Gulag. Destinado a Chelyabinsk y luego a Omsk, su estado se deterioró gravemente por el hambre y las privaciones en los campos de concentración soviéticos, hasta que llegó a pesar menos de 40 kilos. Con la ayuda de una doctora rusa, consiguió que le repatriaran a la zona oriental de Berlín, ahora dividida en dos. Desde allí, y de nuevo con un buen puñado de suerte, logró escapar de la parte oriental de la ciudad hacia la zona de los Aliados. Allí volvió a sus orígenes y se convirtió en policía, empleo al que dedicaría el resto de su vida.

Los temibles gulags

El Gulag o Dirección General de Campos de Trabajo, dirigido por la NKVD, fue uno de los sistemas de represión más terroríficos del siglo XX, superando a los campos de concentración alemanes, si bien sigue siendo un gran desconocido puesto que sobre el sistema concentracionario soviético no existe ni la décima parte de documentación –por no hablar de producciones televisivas o literarias– que han generado los KZ.

Creado formalmente a finales de abril de 1930, el Gulag estuvo operativo al menos hasta 1960. Los expertos calculan que, sólo hasta la muerte de Stalin en 1953, unos 18 millones de personassufrieron todo tipo de penalidades y torturas allí. A ellos, hay que sumar otros 7 millones que fueron deportados. El porcentaje total de represaliados encarcelados y obligados al trabajo forzado en los campos soviéticos rondaba el 15 % de la población de la URSS. Era un sistema muy eficiente para dotar de mano de obra esclava a las industrias y, de paso, mantener atemorizada a la población y evitar rebeliones.

La periodista del *The Washington Post* Anne Applebaum describió en su *Gulag: a History*, la existencia de al menos 476 sistemas de campos de concentración. Cada uno de ellos estaba formado a su vez por «cientos, incluso miles de campos individuales» instalados en toda la URSS, desde las inmensas tundras siberianas hasta la misma capital moscovita. A día de hoy no ha sido posible determinar el número de prisioneros del Eje que murió allí pues muchos de los documentos necesarios para una investigación completa siguen sin estar disponibles. Stalin no quiso firmar la Convención de Ginebra, que reconocía la obligación de proporcionar un trato digno y justo a los prisioneros de guerra, por lo que sus comisarios políticos se comportaron a menudo de forma despiadada. Un ejemplo clásico de la conocida como «trituradora de carne» soviética es el destino de los más de 91.000 soldados del VI Ejército alemán que se rindieron en Stalingrado. Durante la Marcha de la Muerte hacia el Gulag ya perecieron 40.000. Del resto, sólo

Llegada de prisioneros a uno de los campos soviéticos del sistema Gulag.

6.000 lograron sobrevivir y ser repatriados a Alemania muchos años después.

Especialistas en la SGM han calculado que más de dos millones de prisioneros del Eje murieron en los campos de concentración soviéticos, muchos de ellos de hambre. Al menos la mitad eran alemanes. El resto se repartía entre distintas nacionalidades: húngaros, rumanos, japoneses, italianos, eslovacos, franceses, finlandeses, croatas, holandeses, belgas, daneses, noruegos e incluso españoles que habían militado en la División Azul.

Sorprendentemente, también hubo españoles de izquierda internados como demuestra el estudio *En el Gulag. Españoles republicanos en los campos de concentración de Stalin* de la historiadora rumana Luiza Iordache, quien documentó el drama de unos 300 «rojos» acusados de diversos delitos, entre los que figuraban algunos tan exóticos como mostrarse en desacuerdo con la línea oficial del Partido Comunista Soviético, visitar una embajada extranjera en Moscú, mostrar deseos de querer abandonar la URSS o simplemente hacer un chiste o un comentario intrascendente contra el régimen soviético. El texto recuerda además que el Partido Comunista Español nunca reconoció la existencia de estos presos políticos republicanos ni tampoco hizo gestión alguna para liberarlos y califica de «particularmente lacerante» el papel de Santiago Carrillo, Dolores Ibarruri «la Pasionaria» y Fernando Claudín.

El estudio de Iordache revela cómo el PCE ocultó la esclavitud de republicanos españoles en la URSS.

La historia de Heinz Heuer tiene un epílogo. En 1952, indagando sobre la muerte de su cuñado, que había pertenecido a la VI División de Montaña SS *Nord* y sobre la cual había informaciones confusas, descubrió un drama oculto hasta entonces. Constituida en septiembre de 1941 con unidades en aquel momento destinadas en Noruega, la *Nord* fue enviada a Finlandia para apoyarla frente a la URSS y tomó parte en la Operación Silberfuchs (*Zorro plateado*) pero no salió bien librada. La inexperiencia de sus tropas le costó al menos 700 bajas y los supervivientes fueron puestos bajo las órdenes del III Cuerpo de ejército finlandés, donde combatieron hasta septiembre de 1944, cuando las negociaciones entre finlandeses y soviéticos terminaron con la firma de un tratado de paz. Evacuados a la parte sur de Noruega, los supervivientes de la división regresaron a Alemania y en mayo de 1945 estaban en Baviera pero nunca fueron vueltos a ver con vida.

En sus pesquisas policiales, Heuer llegó hasta los pueblos de Leisenwald y Waldensberg, ubicados en el estado de Hessen, justo al noroeste de Baviera. Allí descubrió lo que les había ocurrido a su hermanastro, los compañeros de su unidad y algunas unidades de la Werhmacht con las que habían luchado hasta el final de la SGM. El agotado contingente alemán, compuesto por varias decenas de hombres, había mantenido sus posiciones a pesar del acoso de los norteamericanos hasta que finalmente se rindieron. Salieron con las manos en alto y pensaron que, dentro de lo malo, era preferible entregarse a los estadounidenses antes que a los soviéticos.

Cometieron una equivocación que pagarían muy cara: en lugar de tomarles prisioneros, los norteamericanos les alinearon en dos filas y luego les asesinaron con frialdad, según confirmaron a Heuer varios habitantes de estos pueblos, que habían sido testigos de la matanza. En 1961, las autoridades alemanas decidieron finalmente exhumar los cuerpos de los soldados alemanes, que presentaban orificios de bala en la cabeza como prueba de lo sucedido. Los restos se encontraban en tal mal estado que sólo fue posible identificar uno de los cadáveres. Heuer regresó a la zona para aportar su experiencia policial y trato de impulsar una denuncia contra los responsables de los asesinatos, pero no prosperó.

Y es que, a diferencia de los crímenes de guerra cometidos por militares del Eje, que aún siguen siendo perseguidos y castigados más de 70 años después del final de la SGM, nadie investigó ni persiguió a los responsables de este asesinato, como nadie lo ha hecho en el caso de otros similares cometidos por militares de los distintos países Aliados contra militares o civiles alemanes, italianos, rumanos, ucranianos, japoneses o cualesquiera otros nacionales de los países que se alinearon junto al III Reich durante la SGM. Tampoco se rodó ninguna película ni teleserie sobre este suceso para sensibilizar al público. De hecho, ni siquiera se informó de ello y sólo la constancia personal del antiguo *Leutnant* permitió desenterrar las pruebas de aquel crimen hasta hoy sin castigo.

El gran error, el último error que podríamos cometer a estas alturas tanto a la hora de analizar la SGM como cualquier otro conflicto del que tengamos registros, es seguir pensando que el mundo se divide en dos grupos bien delimitados: el de los *buenos* y el de los *malos*. Si algo nos enseña una lectura en verdad objetiva de la Historia, es la infinita combinación de luces y sombras que existe entre el mediodía y la medianoche.

Bibliografía

Anónimo. *Instrucciones para los soldados británicos en Alemania 1944.* Kailas editorial. Madrid, 2015.

Atkinson, Rick. *Un ejército al amanecer.* Crítica. Barcelona, 2004.

Badsey, Stephen. *Arnhem 1944. Operation Market Garden.* Osprey Publishing. Oxford, 1993.

Borrego, Salvador. *Derrota mundial.* Iberlibro. México, 1953.

Churchill, Winston. *La Segunda Guerra Mundial.* La esfera de los libros. Madrid, 2009.

Clemens, Marcos. *Tiger I en combate (4ª Parte: Unidades de las Waffen SS).* Almena Ediciones. Madrid, 2016.

Davis, Norman. *Europa en guerra. 1939-1945.* Editorial Planeta. Barcelona, 2008.

Deauve, Jean. Stratagèmes: *duperies, tromperies, intoxications pendant la Seconde Guerre mondiale.* Nouveau Monde éditions. París, 2013.

Fawcett, Bill. *How to lose WWII: bad mistakes of the good war.* HarperCollins Publishers. New York, 2010.

Guderian, Heinz. Achtung, Panzer! Tempus. Barcelona, 2011.

Hastings, Max. *La guerra de Churchill.* Crítica. Barcelona, 2010.

Harmon, Nicholas. *Dunkirq: The Patriotic Myth.* Simon and Schuster. Nueva York, 1980.

Humble, Richard. *La flota de alta mar japonesa.* San Martín. Madrid, 1980.

Iordache, Luiza. *En el Gulag. Españoles republicanos en los campos de concentración de Stalin.* RBA Libros. Barcelona, 2014.

Kern, Erich. *Documentos silenciados.* Ediciones Ojeda. Barcelona, 2005.

Liddell Hart, Basil Henry. *Historia de la Segunda Guerra Mundial.* Luis de Caralt. Barcelona, 1970.

Mueller, Joseph N. *Contraataque al Japón: Estados Unidos en guerra.* Osprey Publishing. Oxford, 2007.

Murray, Williamson y Millet, Allan R. *La guerra que había que ganar*. Crítica. Barcelona, 2002.
Ormeño Chicano, Javier. *Michael Wittmann y Villers-Bocage*. Almena Ediciones. Madrid, 2010.
Overy, Richard. *Por qué ganaron los aliados*. Tusquets Editores, 2011.
wen, Frank. *The fall of Singapore*. Penguin Books. Londres, 1972.
Percival, Arthur Ernest. *The war in Malaya.* Eyre & Spottiswoode. Londres. 1949.
Rigg, Bryan Mark. *La tragedia de los soldados judíos de Hitler*. Inédita. Barcelona, 2008.
Ryan, Cornelius. El día más largo. *Inédita*. Barcelona, 2004.
Sajer, Guy. *El soldado olvidado*. Books4pocket. Barcelona, 2007.
Steinbeck, John. *Bombas fuera.* Capitán Swing. Madrid, 2011.
Szarazgat, Alex. *Oskar Schindler, fabricante de la muerte.* Editorial Nuestra América, Buenos Aires, 2003.
Suvorov, Víctor. *El rompehielos.* Editorial Planeta. Barcelona, 2015.
Tirone, Laurent. *Les fiascos militaires de la Seconde Guerre mondiale.* Ixelles Publishing. Bruselas, 2015.
Varios autores. *Crónica política y militar de la Segunda Guerra Mundial*. SARPE editores, Madrid, 1978.
Varios autores. *Enciclopedia Soviética Militar.* Ediciones Militares. Moscú, 1976.
Wood, Tony y Gunston, Bill. *El Tercer Reich: Luftwaffe*. Óptima. Barcelona, 1997.

En la misma colección

MAQUIS, ESPÍAS Y HÉROES

Daniel Arasa

Maquis, espías y héroes es la historia de una serie de hombres que, como guerrilleros, en las fuerzas de liberación aliadas o bien enrolados en la División Azul, combatieron en batallas tan importantes como Normandía, El Alamein, Montecasino, Las Ardenas o Stalingrado. A partir de una serie de pequeños relatos, el autor —reconocido especialista en temas bélicos— muestra situaciones y acciones de unos cuantos protagonistas en diversos escenarios bélicos, con historias independientes aunque un mismo telón de fondo.

LUCHARON EN BATALLAS DECISIVAS

Pedro Pablo García May

Las historias que aparecen en este libro están aderezadas casi todas ellas con los símbolos del valor y grandeza, no en vano son relatos de soldados, hazañas bélicas particularmente llamativas de las muchas que acontecieron en los principales frentes de este conflicto. Son testimonios que hablan de la lucha por la supervivencia en el contexto de la Segunda Guerra Mundial. Para casi todos los nombres que aparecen aquí la guerra fue una ordalía que marcó su vida y la de cuantos conocieron en aquellos momentos. Esta es la historia de algunos héroes anónimos que participaron en el principal conflicto que hubo en el siglo XX.

LA RESISTENCIA CONTRA LOS NAZIS

Hervé Barre

La resistencia fue un grupo organizado que, utilizando los movimientos y canales clandestinos, lucharon contra las fuerzas del Eje en cada uno de los escenarios que estos ocuparon. Sus actos iban desde la difusión de prensa clandestina, la producción de documentación falsa y la organización de huelgas hasta la lucha armada, el sabotaje de las vías de comunicación o los atentados contra oficiales. Este libro recuerda algunas de esas historias, terribles, esperanzadoras, pero todas ellas de una gran humanidad, que tuvieron como marco una sociedad abocada al abismo. Historias que tuvieron lugar en aquellos países ocupados y que nos acercan a una idea ejemplar de lo que significa el vocablo dignidad.

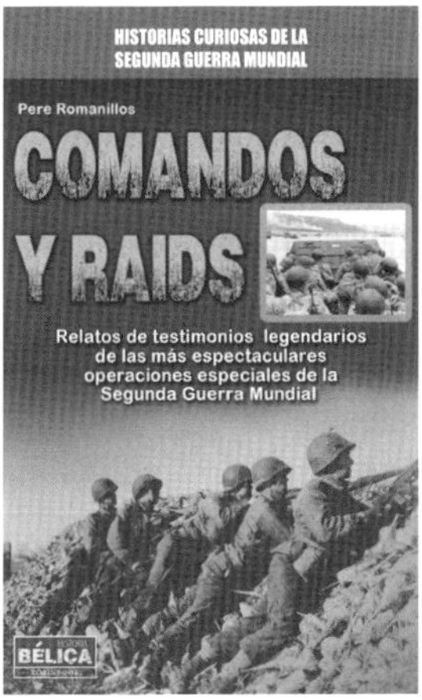

COMANDOS Y RAIDS

Pere Romanillos

Las historias que reúne este libro son epopeyas protagonizadas por unos pocos hombres que pusieron su arrojo y su vida al servicio de la causa en la que creían. Su historia está tejida con los hilos del valor pues los comandos solían estar formados por un pequeño grupo de tropas de asalto -la mayoría de ellos voluntarios que eran previamente sometidos a unas pruebas físicas extremas-, destinado a hacer incursiones ofensivas en territorio enemigo utilizando métodos poco convencionales. El sabotaje, la inteligencia, las emboscadas, los centros de suministro, la captura o liberación de rehenes, todas ellas y algunas más eran tareas de esta elite militar que participó en algunos de los hechos fundamentales que, desde el lado aliado o por parte de los ejércitos alemanes, tuvieron lugar en el devenir de la Segunda Guerra Mundial.

CRIMINALES NAZIS DEL EXTERMINIO

Ernesto Frers

Este libro narra diferentes historias de personajes siniestros del Tercer Reich que fueron los artífices de la más cruel y despiadada operación de exterminio del siglo XX. Nombres como Himmler, Eichmann o Barbie pasaron de ser crueles ejecutores a ser presa de caza de aquellos que se dedicaron a buscar, identificar y perseguir nazis fugitivos. Sin duda tenían buenos motivos para odiarlos, aunque en la mayoría de los casos la venganza personal fue sublimada por un impulso de hacer justicia.

LOS SECRETOS OCULTOS DEL TERCER REICH

Paul Lemond

He aquí un conjunto de relatos que diseccionan —con la agudeza y profundidad de un afilado bisturí— diferentes episodios sucedidos durante la segunda guerra mundial y que tienen como telón de fondo el régimen nazi instaurado en Alemania. Su actor principal, Adolf Hitler, desfila por las páginas de este libro acompañado del resto de personajes que, malcarados como él, sólo eran leales a su propia lujuria de poder y a la violencia que tenían como compañera. Paul Lemond desvela las distintas claves que llevaron al poder a Hitler así como el papel que desempeñaron quienes le acompañaron en tan terrible aventura.

Títulos publicados en la colección Historia-Bélica:

Comandos y Raids
Pere Romanillos

Maquis, espías y héroes
Daniel Arasa

Criminales nazis del exterminio
Ernesto Frers

Diarios del Día-D
Carol Harris

Lucharon en batallas decisivas
Pedro Pablo García May

La resistencia contra los nazis
Hervé Barre

Espías y la guerra secreta
José Luis Caballero

Los secretos ocultos del Tercer Reich
Paul Lemond

La Caída de Berlín
José Luis Caballero

Submarinos
Manuel J. Prieto

Fugas y evasiones de la Segunda Guerra Mundial
Pedro Pablo G. May

Los misterios del Imperio Nazi
Marius Lambert

La guerra en el mar
José Luis Caballero

Héroes del aire
José Luis Caballero